◎主 编 黄玉峰

◎副主编 田澍兴

◎编 著 乐燎原

新编中华文化基础教材

第十六册

中华书局

图书在版编目（CIP）数据

新编中华文化基础教材. 第十六册 / 黄玉峰主编；乐燎原
编著 . —北京：中华书局，2018.3
ISBN 978-7-101-12944-1

Ⅰ. 新…　Ⅱ. ①黄…②乐…　Ⅲ. 中华文化—初中—教材
Ⅳ. ①634.301

中国版本图书馆 CIP 数据核字（2017）第 290152 号

书　　名	新编中华文化基础教材（第十六册）	
主　　编	黄玉峰	
副 主 编	田澍兴	
编　　著	乐燎原	
责任编辑	祝安顺　熊瑞敏	
出版发行	中华书局	
	（北京市丰台区太平桥西里 38 号　100073）	
	http://www.zhbc.com.cn	
	E-mail:zhbc@zhbc.com.cn	
印　　刷	湖南天闻新华印务邵阳有限公司	
版　　次	2018 年 3 月北京第 1 版	
	2018 年 3 月北京第 1 次印刷	
规　　格	开本 / 880×1230 毫米　1/16	
	印张 7$\frac{1}{2}$　字数 100 千字	
印　　数	1-3000 册	
国际书号	ISBN 978-7-101-12944-1	
定　　价	22.80 元	

编写说明

一、《新编中华文化基础教材》是响应中共中央办公厅、国务院办公厅《关于实施中华优秀传统文化传承发展工程的意见》及教育部《完善中华优秀传统文化教育指导纲要》指导精神组织编写的中华优秀传统文化教材，一至九年级十八册，高中学段六册，共二十四册。

二、本教材以"立德树人"为教学宗旨，以分学段有序推进中华优秀传统文化教育为目标，注重培育和提高学生对中华优秀传统文化的亲切感和感受力，增强学生对中华优秀传统文化的理解力和理性认识，坚定文化自信。

三、本册教材供八年级下学期使用，内容以中国古典文学作品为主。传统文化是一种具有生命力的生活方式、思维模式和审美范式，而古典文学则是通向传统文化的重要途径。在编写过程中，我们遵循以下三个原则：

1.兼容并包的原则。教材广泛选择各种思想流派和各种体裁的文学作品，体现中华文化多元一体、和而不同的文化品格。

2.择善而从的原则。教材的选篇均为古典文学的经典篇目，是优秀传统文化中的精粹。

3.注重审美的原则。教材选择以古典文学作为通向传统文化的途径，希望学生在古典文学的审美体验和熏陶中习得并认同传统文化。

四、本册教材包含五个单元，每单元分为四个部分：

1.单元导读。此部分对单元主题作简要介绍和概览，使学生明确单元学习内容；设置情境，引发疑问与兴趣，为学习作准备。

2.选文部分。此部分为单元学习的重心，包括原文与注释两部分。原文以权威版本为底本，注释方面遵循以通解为主、局部释义的原则，帮助学生理解。

3.文史知识。此部分聚焦本单元涉及的文史知识，展开较为详尽的介绍、阐发与拓展，让学生更系统地感知文史传统。

4.思考与练习。此部分为教材的练习系统，辅助学生在单元学习过程中及学习完成后，对自己的学习情况进行检验，并明确进一步学习的任务。

五、本教材之编辑力求严谨，编写过程中广泛征求各界意见，期能以较完备之面貌呈现；然疏漏之处在所难免，敬祈学界先进不吝指教。

编者

2017年2月

目录

第一单元　说不尽的魏晋风度
——《世说新语》

单元导读 ……………………… 2

选文部分 ……………………… 4

　新亭对泣 ……………………… 4

　桓公叹柳 ……………………… 5

　会心不远 ……………………… 5

　暮年感伤 ……………………… 6

　清谈是否误国 ………………… 6

　雪日试诗情 …………………… 7

　文经名士始见金 ……………… 7

　《广陵》绝唱 ………………… 8

　临危不惧 ……………………… 9

　坦腹东床 ……………………… 9

　谢公与人围棋 ………………… 10

　嵇康风姿 ……………………… 10

　忆昔之游 ……………………… 11

　人琴俱亡 ……………………… 11

　五斗解酲 ……………………… 12

　礼岂为我辈设 ………………… 13

　与猪共饮 ……………………… 13

　不如痛饮 ……………………… 14

　雪夜访戴 ……………………… 14

　桓伊三弄 ……………………… 15

　王子猷玩世不恭 ……………… 15

　远志小草 ……………………… 16

渐入佳境 ·············· 17

石崇之厕 ·············· 17

文史知识 ·············· 18

魏晋风度与《世说新语》·············· 18

思考与练习 ·············· 20

第二单元　无法逾越的高峰（上）
——李白

单元导读 ·············· 22

选文部分 ·············· 24

玉阶怨 ·············· 24

白云歌送刘十六归山 ·············· 25

北风行 ·············· 25

乌夜啼 ·············· 26

把酒问月 ·············· 27

金陵酒肆留别 ·············· 27

登太白峰 ·············· 28

荆门浮舟望蜀江 ·············· 29

古风（其三）·············· 29

与史郎中钦听黄鹤楼上吹笛 ·············· 30

沙丘城下寄杜甫 ·············· 31

秋登宣城谢朓北楼 ·············· 31

访戴天山道士不遇 ·············· 32

对酒忆贺监二首（并序）（选一）·············· 33

宿五松山下荀媪家 ·············· 33

文史知识 ·············· 35

李白生平 ·············· 35

思考与练习 ·············· 37

第三单元　无法逾越的高峰（下）
——杜甫

单元导读 ················· 39

选文部分 ················· 41
　饮中八仙歌 ··············· 41
　忆昔二首（其二） ············ 42
　羌村三首（其一） ············ 43
　赠卫八处士 ··············· 44
　房兵曹胡马 ··············· 45
　寒　食 ················· 45
　水槛遣心二首（其一） ·········· 46
　野望因过常少仙 ············· 46
　江　汉 ················· 47
　江　村 ················· 47
　秋兴八首（其一） ············ 48
　登　高 ················· 49
　燕子来舟中作 ·············· 50
　江上值水如海势聊短述 ·········· 50

文史知识 ················· 52
　安史之乱中的杜甫 ············ 52

思考与练习 ················ 54

第四单元　夕阳西下的美好
——中晚唐诗人

单元导读 ················· 57

选文部分 ················· 59
　1. 杜　牧 ··············· 59
　　过华清宫绝句三首（其二） ······· 59
　　将赴吴兴登乐游原一绝 ········· 60
　　齐安郡中偶题二首（其一） ······· 60
　　泊秦淮 ················ 61
　　赠别（其二） ············· 62

寄扬州韩绰判官 ······ 62

遣 怀 ······ 63

题宣州开元寺水阁，阁下宛溪，

夹溪居人 ······ 63

2.李商隐 ······ 64

寄令狐郎中 ······ 64

柳 ······ 64

端 居 ······ 65

咏 史 ······ 65

木兰花 ······ 66

花下醉 ······ 66

晚 晴 ······ 66

北青萝 ······ 67

锦 瑟 ······ 68

无题二首（其一）（昨夜星辰）······ 68

无 题（相见时难别亦难）······ 69

马嵬二首（其二）······ 70

无题四首（选一）（来是空言去绝踪）··· 70

隋宫二首（其二）······ 71

3.许 浑 ······ 72

谢亭送别 ······ 72

4.张 祜 ······ 72

题金陵渡 ······ 72

5.温庭筠 ······ 73

商山早行 ······ 73

利州南渡 ······ 73

6.赵 嘏 ······ 74

长安秋望 ······ 74

7.马 戴 ······ 75

灞上秋居 ······ 75

8.韦 庄 ······ 75

悼亡姬 ······ 75

秦妇吟（节选）······ 76

9.司空图 ······ 79

秋 思 ······ 79

10.皮日休 ······ 80

汴河怀古二首（其二）······ 80

橡媪叹 ……………………… 80

11. 聂夷中 ……………………… 81

咏田家 ……………………… 81

12. 杜荀鹤 ……………………… 82

再经胡城县 ……………………… 82

春宫怨 ……………………… 82

文史知识 ……………………… 83

象外之致 ……………………… 83

思考与练习 ……………………… 85

第五单元　时代的另类折射
——唐传奇

单元导读 ……………………… 88

选文部分 ……………………… 90

离魂记 ……………………… 90

王　维 ……………………… 92

聂隐娘 ……………………… 94

虬髯客传 ……………………… 98

红　线 ……………………… 104

文史知识 ……………………… 108

传　奇 ……………………… 108

思考与练习 ……………………… 110

第一单元

说不尽的魏晋风度
——《世说新语》

单元导读

你愿走进那由清谈、服药和喝酒构成的魏晋风流世界吗？

你想感受魏晋名士那丰神散逸、畅情任性的流风余韵吗？

那么，请你翻开《世说新语》来做一番品读。

这部志人小说记言叙行、图貌绘形，可谓魏晋名士风流生活的写真集。品读此书，我们既能"见"名士之"面"，更能窥其"面"后之"心"。

——"我与我周旋久，宁作我。"（《世说新语·品藻》）

魏晋是"人的觉醒"的时代。魏晋名士在社会时空中失落了个体位置，于是将寻觅转向内心，于无垠的心理时空，发现了"自我"的存在与价值，这便是"觉醒"的含义。魏晋名士这句惊世骇俗的个性宣言，毫不隐晦地道出了对个体生命的尊重与肯定。

——"使我有身后名，不如即时一杯酒。"（《世说新语·任诞》）

酒，是魏晋名士的徽章。最能体现名士自然之性的，是他们的酒中百态。肆意醋畅的行为，客观上体现出名士对礼法、名教的抗争，对虚伪、世俗的超越。这句话所表现出来的轻功名、重放达的人生态度，正是魏晋名士的"自然之性"（真诚、任达、超迈）在与"名教之性"（虚伪、刻板、世俗）的碰撞与冲突中，迸发出来的美的火花。

——"顾长康吃甘蔗，先食尾。人问所以，云：'渐至佳境。'"（《世说新语·排调》）

好一个"渐至佳境"！吃甘蔗，纯属人世间的生活俗事，而在画家顾恺之（字长康）眼里，"食蔗法"竟然可以推衍出一个审美鉴赏的规律。化俗为雅，以俗为雅，成了魏晋名士一种颇具美学意味的典型心态。

　　由上大体可知，《世说新语》里的故事写的都只是生活的片断，它没有过多的铺叙或精致的描写，而是撷取人物富于意味的言语和动作，往往寥寥几笔就使人物的性格和心理跃然纸上。它的文字清丽，文笔隽永，着墨不多而文情委婉，耐人寻味。这种文字风格被称为"世说体"，深受后人的喜爱。

　　《世说新语》原名《世说》，唐代称《世说新书》，它由南朝宋临川王刘义庆编纂，后来南朝梁刘孝标为之作注，其注释的价值也很高。今本《世说新语》共三卷，分德行、言语、政事等三十六个门类，收录了从东汉至东晋约三百年间士人的轶闻琐事及言行风貌。本单元选文原文据余嘉锡《世说新语笺疏》（中华书局2007年版）。

选文部分

新亭对泣

> 国破山河在，正是东晋许多士大夫的切身感受。周颙（yǐ）的悲哀与王导的奋发，看似迥然不同，实则都包含了复兴中原的渴望。但王导显然是这一群体中更具领袖气质的人。

过江诸人，每至美日①，辄相邀新亭②，藉卉③饮宴。周侯④中坐而叹曰："风景不殊，正自有山河之异⑤！"皆相视流泪。唯王丞相愀然变色曰⑥："当共戮力⑦王室，克复神州，何至作楚囚⑧相对？"

——《世说新语·言语》

①美日：佳日。　②新亭：在今南京市雨花台区，始建于三国吴，既是军事要地，也是游览胜地。③藉（jiè）卉：坐在草地上。藉，草垫，这里名词活用作动词，坐。　④周侯：即周颙，字伯仁，汝南人，东晋重臣，后为王敦所害。侯，这里是一种尊称。　⑤这句话的意思是：风景虽然没变，只是北方沦陷，自然感觉有所不同。正自，只是。山河，这里代指国土。　⑥王丞相：即王导，字茂弘，琅琊人，他是东晋政权的重要奠基者之一，元帝时长期担任丞相。愀（qiǎo）然：脸色一下子改变的样子。　⑦戮力：尽力。　⑧楚囚：指囚犯。典出《左传·成公九年》楚人锺仪被俘至晋，被称为楚囚之事。

桓公叹柳

世寿无穷而人寿短促，宇宙广大而人境狭窄。如何在有限的物理时空内，追求生命价值的无限？这是一个时时困扰着魏晋人的课题。

桓公北征①，经金城②，见前为琅邪③时种柳，皆已十围④，慨然曰："木犹如此，人何以堪！"攀枝执条，泫然⑤流泪。

——《世说新语·言语》

会心不远

清泉山林，固然美好，但不是每个人都有这样的福气。简文帝就显然不能随意归隐，但他却在这样的不自由中发现了逃离尘俗通往自然的自由之路。

简文入华林园⑥，顾谓左右曰："会心处，不必在远。翳然⑦林水，便自有濠、濮⑧间想也。觉鸟兽禽鱼，自来亲人。"

——《世说新语·言语》

①桓公北征：桓公名桓温，东晋人。北征，指北上伐燕。　②金城：地名，今江苏乘县附近。　③琅邪：桓温曾任琅邪内史。　④围：有两种解法，一指两臂合抱，一指两手合围，此指后者。　⑤泫（xuàn）然：泪水下落的样子。　⑥华林园：当时的皇家园林，故址在今江苏省南京市。　⑦翳（yì）然：荒芜的样子。　⑧濠、濮：两条河水名，分别是《庄子》中"庄子与惠子游于濠梁水上"与"庄周钓在濮水"的典故。这里指隐逸潇洒的生活方式。

暮年感伤

谢安、王羲之本非儿女情长之人，但随着年龄的增长，却越加感受到生命短暂、岁不我与的感伤与焦虑，人也变得敏感起来。

谢太傅①语王右军曰："中年伤于哀乐，与亲友别，辄作数日恶②。"王曰："年在桑榆③，自然至此，正赖丝竹陶写④。恒恐儿辈觉，损欣乐之趣。"

——《世说新语·言语》

清谈是否误国

魏晋士人崇尚哲学式的生活方式，本是文化精英自名身份的必须，与治国理政或无多大关系。谢安也就是在这个层面上为士人清谈辩护的。但王羲之的担忧却着眼在"人人"二字上，权力的拥有者如果不断沉湎虚谈浮文，难免如东晋般常处风雨飘摇之中。

王右军与谢太傅共登冶城⑤。谢悠然远想，有高世之志。王谓谢曰："夏禹勤王，手足胼胝⑥；文王旰食⑦，日不暇给。今四郊多垒⑧，宜人人自效。而虚谈废务，浮文妨要，恐非当今所宜⑨。"谢

①谢太傅：谢安，字安石，东晋名臣、名士，去世后追授太傅衔。后面的王右军即王羲之，曾任右军将军，故称。　②这几句话的意思是：过中年之后，容易为人事而感伤，每次与亲友分别，心中总要难过好几天。　③桑榆：这里是人到晚年的意思。　④这句话的意思是：正想借音乐来消遣内心的烦闷。　⑤冶城：今南京城西高处的一座城，是东晋首都的一处重要据点。　⑥胼胝（pián zhī）：起老茧。　⑦旰（gàn）食：很晚吃饭，指勤劳政事。　⑧四郊多垒：城外有敌军的营垒驻扎，指国家陷入危机，语出《礼记·曲礼上》："四郊多垒，此卿大夫之辱也。"　⑨这几句话的意思是：此时却因空谈而不做实事，为点缀文辞而妨害要务，恐怕不是我们士大夫现在应该做的吧。

答曰："秦任商鞅，二世而亡，岂清言致患邪？"

——《世说新语·言语》

雪日试诗情

江南之雪，有时只是所谓霰。因此，就形象而言，谢朗所言更接近。但诗情往往妙处不在形似，而在有象外之致，由此及彼。谢道韫（yùn）的比喻显然不追求形似，她巧妙地以否定形式引入了暮春飘飞的柳絮，反而引起了人们更美好的联想。

谢太傅寒雪日内集，与儿女讲论文义。俄而雪骤，公欣然曰："白雪纷纷何所似？"兄子胡儿①曰："撒盐空中差可拟。"兄女曰："未若柳絮因风起。"公大笑乐。即公大兄无奕女②，左将军王凝之妻也。

——《世说新语·言语》

文经名士始见金

世人多知洛阳纸贵的辉煌，却很少想到在那个年代，门阀出身似乎才是文学价值评定的先在条件。左思才情过人，却不免遭到这样的挫折。

---

①胡儿：谢安二兄谢据的长子谢朗，字长度，"胡儿"是他的小字。　②无奕女：谢安的长兄谢奕（字无奕）的女儿谢道韫，根据出土墓志资料，她的字是令姜，嫁给了王羲之的次子王凝之。

左太冲①作《三都赋》初成，时人互有讥訾②，思意不惬。后示张公③。张曰："此二京可三，然君文未重于世，宜以经高名之士④。"思乃询求于皇甫谧⑤。谧见之嗟叹，遂为作叙。于是先相非贰⑥者，莫不敛衽⑦赞述焉。

——《世说新语·文学》

《广陵》绝唱

> 哪怕直面死亡，依然保持优雅的姿态，嵇康的临刑，也许是最具诗意因而也最为令人难忘并为之感伤的临刑。而《广陵散》从此也与嵇康密不可分了。

嵇中散⑧临刑东市，神气不变。索琴弹之，奏《广陵散》。曲终曰："袁孝尼⑨尝请学此散，吾靳固⑩不与，《广陵散》于今绝矣！"太学生三千人上书，请以为师，不许。文王⑪亦寻悔焉。

——《世说新语·雅量》

①左太冲：左思，"太冲"是他的字，临淄人，西晋著名文学家，《三都赋》是他的代表作。　②讥訾（zī）：批评非议。　③张公：张华，字茂先，范阳人，西晋名臣，也是文学家。　④这几句话的意思是：这篇赋可以和班固的《两都赋》、张衡的《二京赋》并立而成三篇名作，但您的文章还没有被世人看重，应该把它交给有崇高声誉的人扬名。　⑤皇甫谧：字士安，安定人，西晋名臣、文学家。　⑥非贰：非议。　⑦敛衽：整理衣襟，这里是表示恭敬叹服的意思。　⑧嵇中散：即嵇康，字叔夜，魏名士，"竹林七贤"之一，曾任中散大夫，故称"嵇中散"。　⑨袁孝尼：袁准，"孝尼"是他的字，他是一位著述颇多的经学家。　⑩靳（jìn）固：珍爱不忍示人。　⑪文王：这里指晋文王司马昭。

临危不惧

内心强大，平时固然要举止从容，危机到来，也要能够不为所动。闪电起于倏忽之间，人不可能有矫饰伪装的可能，也就更能体现夏侯玄的神采。

夏侯太初①尝倚柱作书。时大雨，霹雳破所倚柱，衣服焦然，神色无变，书亦如故。宾客左右，皆跌荡②不得住。

——《世说新语·雅量》

坦腹东床

郗（xī）鉴是东晋早期重要的军事力量，他对于"王与马，共天下"的局势起着重要的制衡作用。因此当他向王氏家族求婿的时候，那些公子都紧张起来。在这种令人不安的气氛中，王羲之却露出肚子躺着，顿时滑稽感大增，也在众人之中脱颖而出，郗鉴最看重的也就是这种处变不惊、超然物外的气度。

郗太傅③在京口，遣门生与王丞相书，求女婿。丞相语郗信："君往东厢，任意选之。"门生归，白郗曰："王家诸郎，亦皆可嘉，闻来觅婿，咸自矜持④。惟有一郎，在床⑤上袒腹卧，如不闻。"郗

---

①夏侯太初：即夏侯玄，字太初，谯国人，曹魏名士。　②跌荡：站不稳。　③郗太傅：即郗鉴，字道徽，高平人，东晋重臣，长期驻守京口，握有重兵，是对抗王敦势力的重要人物。　④这几句话的意思是：王家的几个年轻人都很不错，可听说郗家来挑选女婿，都各自拘谨紧张起来。　⑤床：此处指坐具。

公云："正此好！"访之，乃是逸少①，因嫁女与焉。

——《世说新语·雅量》

谢公与人围棋

> 谢安举重若轻，喜怒不形于色。作为东晋名相，他有运筹帷幄、决胜千里的大将风度，以及处事不惊、沉着冷静的名士风采。

谢公与人围棋，俄而谢玄淮上信至，看书竟②，默然无言，徐③向局。客问淮上利害，答曰："小儿辈大破贼。"意色④举止，不异于常。

——《世说新语·雅量》

嵇康风姿

> 魏晋人对容貌举止的看重，其实还是对内在气质的一种追求。嵇康的身高在彼时当属出类拔萃，加以萧然独立的性格灌注，使他卓然立于天地之间。

嵇康身长七尺八寸，风姿特秀。见者叹曰："萧萧肃肃，爽朗清举⑤。"或云："肃肃如松下风，高而徐引。"山公曰："嵇叔夜之为

---

①逸少：王羲之的小字。他的妻子是郗鉴的女儿郗璿，字子房。　②竟：终了、完毕。　③徐：缓慢地。　④意色：神色。　⑤这两句话的意思是：嵇康神色潇洒沉静，为人直爽，清新飘逸。

人也，岩岩①若孤松之独立；其醉也，傀俄②若玉山之将崩。"

——《世说新语·容止》

忆昔之游

世间许多自然事物虽然没有变，却总有时移世易、沧海桑田之感，因为人事变了。作为竹林七贤领袖的嵇康、阮籍谢世之后，竹林之游几成绝唱。而由当年的亲历者王戎口中说出这段往事，让人倍觉伤感。此时的他早已是西晋的高官，缅怀也许只是对过往的回忆，而他知道再也回不去了。

王濬冲③为尚书令，着公服，乘轺车④，经黄公酒垆⑤下过，顾谓后车客："吾昔与嵇叔夜、阮嗣宗⑥共酣饮于此垆，竹林之游，亦预其末⑦。自嵇生夭、阮公亡以来，便为时所羁绁⑧。今日视此虽近，邈若山河。"

——《世说新语·伤逝》

人琴俱亡

兄弟同时病重，一方久不闻对方消息，便知对方已经谢世。前往凭吊，睹物思人，其痛何如！面对死亡，再旷达的人也难免脆弱无力。

---

①岩岩：耸立的样子。　②傀（guī）俄：身体倾倒的样子。　③王濬冲：即王戎，"濬冲"是他的字，魏晋名士，"竹林七贤"之一。　④轺（yáo）车：轻车，即由一匹马拉的车。　⑤黄公酒垆：一位黄姓的老人开的酒肆。　⑥阮嗣宗：阮籍，"嗣宗"是他的字，魏晋名士，"竹林七贤"之一。　⑦这两句话的意思是：竹林名士间的游历，我也列在末座参与过。　⑧羁绁（jī xiè）：束缚。

王子猷、子敬俱病笃①，而子敬先亡②。子猷问左右："何以都不闻消息？此已丧矣！"语时了③不悲。便索舆来奔丧，都不哭。子敬素好琴，便径入坐灵床上，取子敬琴弹，弦既不调④，掷地云："子敬！子敬！人琴俱亡。"因恸绝良久，月余亦卒。

——《世说新语·伤逝》

五斗解酲

纵酒放诞是魏晋名士发泄内心不满与苦闷情绪的一种方式，唯有酒才能让他们痛苦的灵魂得以短暂地休憩。刘伶为了饮酒，可谓无所不用其极，只是他的妻子想必会非常苦恼。

刘伶⑤病酒，渴甚，从妇求酒。妇捐⑥酒毁器，涕泣谏曰："君饮太过，非摄生⑦之道，必宜断⑧之！"伶曰："甚善。我不能自禁，唯当祝⑨鬼神，自誓断之耳！便可具⑩酒肉。"妇曰："敬闻命。"供酒肉于神前，请伶祝誓。伶跪而祝曰："天生刘伶，以酒为名⑪，一饮一斛⑫，五斗解酲⑬。妇人之言，慎不可听！"便引酒进肉，隗然⑭已醉矣。

——《世说新语·任诞》

---

①王子猷（yóu）、子敬：分别指王羲之的第五子王徽之和第七子王献之，"子猷""子敬"是他们的字。笃：（病势）沉重。　②子敬先亡：王献之在泰元十一年去世，四十三岁。　③了：完全。　④调（tiáo）：声调和谐。　⑤刘伶：字伯伦，沛国人，"竹林七贤"之一，性嗜酒。　⑥捐：这里是倒掉的意思。　⑦摄生：养生。　⑧断：这里是戒除的意思。　⑨祝：祷告。　⑩具：准备。　⑪名：通"命"，生命。　⑫斛（hú）：容量单位，十斗为一斛。　⑬酲（chéng）：酒醉。　⑭隗（wěi）然：这里指醉倒的样子。

礼岂为我辈设

阮籍希望超越礼法，因为自信拥有比礼法更高贵的追求，也自信内心的自律高于外界的约束。在常人看来，这或许是越轨不法，甚至是离经叛道，但他认为自身的坚守更有道德价值。

阮籍嫂尝还家，籍见与别。或讥之①，籍曰："礼岂为我辈设也？"

——《世说新语·任诞》

与猪共饮

这一幕在中国历史上恐怕令许多人不堪过，但是我们当从那种抛弃规则约束之后的狂欢纵欲之相下，体察那些士人内心的空虚、彷徨、恐惧和痛苦。

诸阮②皆能饮酒，仲容③至宗人间共集，不复用常杯④斟酌，以大瓮盛酒，围坐，相向大酌。时有群猪来饮，直接去上⑤，便共饮之。

——《世说新语·任诞》

---

①讥之：世人因为阮籍违反了礼法，因而批评他。《礼记·曲礼》："嫂叔不通问。"　②诸阮：指阮姓宗族中人。　③仲容：阮咸，"仲容"是他的字，他是阮籍的侄子，"竹林七贤"之一。　④常杯：指一般的酒杯。　⑤直接去上：（这些人）紧随着倒去上层被猪喝过的酒。

不如痛饮

重视名节，尤其是身后名，本是儒家对抗死亡的利器，也是一个在这个世界上值得士人为之奋斗、追求的东西。然而在一个秩序混乱、名实不符的时代，士人只能追求此生的欢欣与刺激，无暇他顾了。

张季鹰①纵任不拘，时人号为"江东步兵②"。或谓之曰："卿乃可纵适③一时，独不为身后名邪？"答曰："使我有身后名，不如即时一杯酒！"

——《世说新语·任诞》

雪夜访戴

雪夜喝酒，吟诗忆友，连夜冒雪乘舟访友，真是兴致极高。然而刚到门前却又抽身返回，王子猷"乘兴而行，兴尽而返"的率性放达，呈现晋人独特的审美风度与名士形象。

王子猷居山阴④，夜大雪，眠觉，开室，命酌酒，四望皎然。因起彷徨，咏左思《招隐》诗⑤，忽忆戴安道⑥。时戴在剡⑦，即便夜乘小舟就之。经宿方至，造门不前而返⑧。人问其故，王曰："吾

---

①张季鹰：张翰，"季鹰"是他的字，吴郡人，他是由吴入晋的名士。　②江东步兵：指江东的阮籍，阮籍因官至步兵校尉，世称"阮步兵"。　③纵适：纵情享乐。　④山阴：今浙江绍兴市。　⑤这句话的意思是：吟诵着左思的《招隐》诗。　⑥戴安道：即戴逵，"安道"是他的字，东晋著名画家。　⑦剡（shàn）：在今浙江嵊州。　⑧这两句话的意思是：过了一夜才到，可走到门口却不进去就返回了。

本乘兴而行，兴尽而返，何必见戴？"

——《世说新语·任诞》

桓伊三弄

> 　　王徽之的举动虽然唐突无礼，但桓伊之所以肯为之停留演奏，恐怕还是看重对方能够知音。因此，在这场只属于两个人的演奏中，不需要世俗的语言，一切都留给意味深长的音乐。

　　王子猷出都[①]，尚在渚下。旧闻桓子野[②]善吹笛，而不相识。遇桓于岸上过，王在船中，客有识之者，云是桓子野。王便令人与相闻[③]云："闻君善吹笛，试为我一奏。"桓时已贵显，素闻王名，即便[④]回下车，踞胡床[⑤]，为作三调。弄[⑥]毕，便上车去。客主不交一言。

——《世说新语·任诞》

王子猷玩世不恭

> 　　许多名士实际上并无才干，他们往往凭借门第、声望乃至一些潇洒的举动赢得社会地位，王徽之就是这样一个人。只是在这段对话中，他以圣人之言牛头不对马嘴地对答，倒颇有一点戏谑滑稽的感觉，想来桓冲必定是无可奈何。

---

①都：指东晋首都建康，在今江苏省南京市。后文的"渚下"即指建康东南的青溪边。　②桓子野：即桓伊，"子野"是他的小字，东晋名士，极擅音乐。　③相闻：互通信息。　④即便：立即。　⑤胡床：由游牧民族传入的可以折叠的坐具。　⑥弄：演奏。

王子猷作桓车骑①骑兵参军，桓问曰："卿何署？"答曰："不知何署，时见牵马来，似是马曹②。"桓又问："官有几马？"答曰："不问马③，何由知其数？"又问："马比④死多少？"答曰："未知生，焉知死⑤？"

——《世说新语·简傲》

远志小草

桓温的有意刁难，谢安的装疯卖傻，郝隆的机智妙答，为我们演绎了一出"鸿门宴"。桓温位高权重，是为"项羽"，谢安初羽翼未丰，是为"刘邦"，而郝隆则一个是充当"项庄"又扮演"张良"的双面人物。

谢公始有东山之志，后严命屡臻，势不获已，始就桓公司马⑥。于时人有饷桓公药草，中有"远志⑦"。公取以问谢："此药又名'小草'，何一物而有二称？"谢未即答。时郝隆⑧在坐，应声答曰："此甚易解：处则为远志，出则为小草⑨。"谢甚有愧色。桓公目谢而笑曰："郝参军此过⑩乃不恶，亦极有会。"

——《世说新语·排调》

---

①桓车骑：即桓冲，字幼子，桓温的弟弟，东晋名将。他曾担任车骑将军，故有此称。　②马曹：王徽之担任的是参军，这是他杜撰的职位。　③不问马：《论语·乡党篇》："厩焚，孔子退朝曰：'伤人乎？'不问马。"王徽之此处显然是断章取义。　④比：近来。　⑤未知生，焉知死：引用《论语·先进篇》："子路问死。孔子曰：'未知生，焉知死？'"王子猷此处也是断章取义。　⑥这几句话的意思是：谢安起初有隐居东山的志向，其后朝廷的任命多次来到，情势迫不得已，他只能去出任桓温的府僚司马。　⑦远志：一种草药，又叫棘菀，它的叶子叫小草。　⑧郝隆：字佐治，汲郡人，东晋名士。⑨这两句话的意思是：（此药）根长在土中时，叫做"远志"，叶子长出后叫做"小草"。这是双关语，既是对草药名字的解释，也暗涉谢安昔日隐居而有远大志向，如今出山却只能屈居桓温之下。　⑩此过：即"此通"，这番解说。

新编中华文化基础教材·第十六册

渐入佳境

饮食生活，本是俗事，但对艺术敏感的人，却总能在看似平淡的生活中寻得趣味。

顾长康①啖甘蔗，先食尾②。问所以，云："渐至佳境。"

——《世说新语·排调》

石崇③之厕

过度的奢侈，有时是足以使人局促不安的，因为它给人一种无法抗拒的压力，往往容易失态。王敦的举动，恰是无视那些有意无意的挑战，从而使自己的尊严得到维护，也让那些见惯了客人出丑的婢女出乎意料。

石崇厕，常有十余婢侍列，皆丽服藻饰。置甲煎粉、沉香汁④之属，无不毕备。又与新衣箸⑤令出，客多羞不能如厕。王大将军⑥往，脱故衣，箸新衣，神色傲然。群婢相谓曰："此客必能作贼。"

——《世说新语·汰侈》

---

①顾长康：顾恺之，"长康"是他的字，晋陵人，东晋著名书画家。　②尾：这里指甘蔗的顶部，因为甘蔗的根部糖分高，所以后文顾恺之这样说。　③石崇：字季伦，渤海人，西晋著名的富豪。
④甲煎粉、沉香汁：两者都是掺入香料的盥洗用品。　⑤箸：穿着。　⑥王大将军：王敦，字处仲，琅琊人，他与堂弟王导是奠定东晋政权基础的重要士人，但后来起兵叛乱。

文史知识

魏晋风度与《世说新语》

西汉独尊的"儒术"，起先就带着浓厚的神秘主义色彩，它为了适合帝国大一统的新统治模式，将人及其面对的所有对象都嵌套入儒家伦理之中，构建了天人感应的庞大系统。从此，人被置于种种由儒家纲常伦理组成的无形体系之中，其存在方式首先是群体性的，其次才是个人的。这种神秘主义的气氛在东汉之后愈演愈烈，以致谶纬流行，名实不符，加之政体不固，儒家体系出现巨大的危机。另一方面，政治权威的崩溃，使许多过去潜藏的价值体系重新活跃，道家、法家思想的复归，佛教经典的译介和流行，乃至儒家内部理性精神的反思等等，都使时代精神发生了根本性的转变。

乱世到来之时，思想权威消失，曾经的执着被打破，人开始怀疑一切固有的、经典的、未经重新考量的思想。于是，当人们怀疑一切之后，终于发现恰恰是生命本身无可怀疑。生命中包含的快乐、痛苦、欲望、惶惑、恐惧、爱恋等等，当然包括最终的死亡，都是不容置疑的现实存在。从此作为突破口，人们开始觉醒[1]：只要对生命的自然发展产生遏阻与损害的，都是值得警惕、怀疑和反思的；反之，则是应当追求与崇尚的。因此，魏晋以后，士人日益从政治型转变为审美型、思辨型。随之变化的，是士人的价值核心从政治功业、道德伦理等群体层面转化为个人气质、风度器宇、言语风采等个体层面。虽然他们并不完全排斥建功立业，但个体存在的价值显然不能轻易被群体目标所遮没。谢安是这方面的代表人物，他闲居东山多年，毫不掩饰自己的感官追求，不过在东晋政权存亡的关键时刻，也能够挺身而出力挽狂澜。

新编中华文化基础教材·第十六册

---

[1] 参看李泽厚：《美的历程》，文物出版社，1981年，第87—95页。

从历史发展来看，魏晋风度经历了从前期的激烈反传统到士族全面内化接受的过程。"竹林七贤"由魏入晋，其核心人物嵇康、阮籍是公开与传统决裂的代表，嵇康为此付出了生命代价。东晋南渡之后，儒家在意识形态上的强势不断被削弱，士人反而以此为重要的文化认同。《世说新语》记载的大量轶事，有褒贬者，其价值观念多与传统不同，比如《赏誉》第79条："桓温行经王敦墓边过，望之云：'可儿！可儿！'"桓温并不因王敦叛乱晚节不保而掩饰对他的钦慕；无褒贬的，有时注意对人物的比较，但这种比较根本上是为了突出人物的神采丰姿；有时也纯粹出于有趣，并无深意，而这种对趣味性的追求，也无不展现着士人对生活的热情。

魏晋风度很难尽数其内涵，对生命的眷恋与感伤，对气质的追求与赞誉，对自然的欣赏与融合，对智慧的尊崇与迷恋，对女性的赞美与尊重，对尊严的维护与捍卫，对自由的追逐与渴望，都是魏晋士人留给我们的话题。门阀制度往往被非议，但不得不指出，恰是这一制度的存在，使得一批近乎贵族的士人能够独立自主地反思自我，从而将魏晋风度注入文化传统之中。

思考与练习

一、背诵并理解下列《世说新语》中的名句。

1. 会心处不必在远。（《世说新语·言语》）

2. 岂见覆巢之下，复有完卵乎？（《世说新语·言语》）

3. 蒲柳之姿，望秋而落；松柏之质，经霜弥茂。（《世说新语·言语》）

4. 管中窥豹，时见一斑。（《世说新语·方正》）

5. 清真寡欲，万物不能移也。（《世说新语·赏誉》）

6. 何可一日无此君。（《世说新语·任诞》）

7. 人患志之不立，亦何忧令名不彰邪？（《世说新语·自新》）

8. 强者绥之以德，弱者抚之以仁。（《世说新语·政事》）

二、王戎是"竹林七贤"之一。《世说新语》中有关王戎的言行记录达四十处之多：他见虎不惊，见礼不受，《雅量》门屡睹其身影；他善品藻、精识鉴，《赏誉》门常见其大名；他吝啬、贪婪，视钱财重于亲情，又多次被贬入《俭啬》之另册……既高雅又庸俗，才藻优而品性劣——此种一人多面的"王戎现象"，于《世说》中触目皆是，所谓"自古而观，岂一王戎也哉！"（《世说·俭啬》）

请简析"王戎现象"的时代背景。

三、"顾长康传神写照"，"嵇中散临刑东市"，"王子猷雪夜访戴"，"简文帝濠濮间想"……这些流传千古的《世说》故事，是如何出神入化地状写出魏晋名士的"雅"的呢？试结合一两个故事，分析其刻画技巧。

四、《世说新语》对于人物个性的描写相当成功，如以雅量著称的谢安、任诞的王徽之等等。请你从《世说新语》中任选一位人物，就《世说新语》篇章中所提及的部分进行综合评论。

第二单元
无法逾越的高峰（上）
——李白

单元导读

  如果回到天宝元年的长安，你也许会在坊肆中看到一个酒徒狂舞吟唱，或在曲江畔的船中看到醉酒后曲肱翘腿的浪子，玄宗派来的使者让他赶紧回大明宫中填制新词，他却潇洒地声称自己是酒仙，任凭对方催促却迟迟不起身。他就是当时已经名满京华并能时时成为玄宗、杨贵妃座上宾的大诗人李白。

  中国的文人很早就与酒结缘，东汉末年的孔融为了饮酒公然反对曹操的禁酒令，据说正因此被杀。但曹操却也写过"何以解忧，唯有杜康"的句子，他的儿子曹植就更是"斗酒十千恣欢谑"的酒徒。《古诗十九首》（"驱车上东门"）最后感叹道："不如饮美酒，被服纨与素。"在人性觉醒的时代，文人渐渐明白，求仙以期延寿已经被证明是虚妄，只有饮酒享受当下生活的美好才是真实可靠的。而到了"竹林七贤"，大量饮酒就更是一种与时代与秩序决裂的间接反抗手段。到了陶渊明，才开始将酒与诗歌创作结合起来，这种结合源于酒对人主观性的削弱，从而使人与这个对象世界达到某种暂时的融合，在这种状态下激发出了全新的审美与反思空间。这种结合，到李白这里，达到了前所未有的高峰。

  李白饮酒一方面延续了之前文人对抗现实、及时行乐的传统，另一方面也完全激活了酒的另一种重要特性，即让人兴奋的力量。即使在宣泄某种消极情绪的时候，他的表达方式也比前人来得激昂。"百年三万六千日，一日须饮三百杯"（《襄阳歌》）；"人生得意须尽欢，莫使金樽空对月"（《将进酒》）；"今夕不尽杯，留欢更邀谁"（《宴郑参卿山池》）。现实中的李白为了取得功名，也和当时人一样四处干谒，说过誉的话，行违心的事，现实强大的压力使人格不断受到挤压。此时，酒就成为李白最好的朋友，它将种种不快暂时赶出内心，将他带到一个只属于自己的世界，那里可以满足他名士、侠客、浪子等等理想角色的需求。

于是，他手舞足蹈起来，"手舞石上月，膝横花下琴"（《独酌》），"我歌月徘徊，我舞影零乱"（《月下独酌四首》其一）；他风流倜傥起来，"落花踏尽游何处，笑入胡姬酒肆中"（《少年行二首》其二），"胡姬貌如花，当垆笑春风。笑春风，舞罗衣，君今不醉将安归"（《前有一樽酒行二首》其二）；然而他也更孤独起来，以至于"独酌无相亲"而"举杯邀明月，对影成三人"（《月下独酌四首》其一），以至于"醉后失天地，兀然就孤枕"（《月下独酌四首》其三）。即使是与人对饮，醉后也惟有自己一个人才能领会其中甘苦，"两人对酌山花开，一杯一杯复一杯。我醉欲眠卿且去，明朝有意抱琴来"（《山中与幽人对酌》）。

李白饮下的酒也滤去了外界沾染在其身上的种种风尘，终于酿造出天然清新的诗篇，使我们有幸为之倾倒。就让我们屏息凝神，去品读那一篇篇摄人心魄的奇作吧！

本单元选文原文据清代王琦注本《李太白全集》（中华书局1977年版）。

选文部分

玉阶怨①

本诗将宫人之怨融于无形的时间之中。白露渐生，夜久湿袜，都暗示了抒情主人公漫长寂寞的等待。最终将视角置于一个细微的瞬间，抒情主人公回到房中，放下了帘幕，望着澄澈的秋月。她的生命就如同这场等待一样空旷。

玉阶②生白露，夜久侵罗袜。

却下水晶帘，玲珑望秋月③。

①《玉阶怨》为乐府旧题，专写宫怨主题。　②玉阶：以白玉石砌成的台阶，这里指宫廷中精美的台阶。　③这两句诗的意思是：放下水晶般的帘幕，望见秋月空明澄澈。水晶，原作"水精"，意同，今从通行本。

白云歌送刘十六归山

"白云"象征着自由不羁、高举脱俗、洁白无瑕的隐者品格。送别之际，作者愿白云永随对方，实际上是他渴望早日摆脱人世困扰纠纷的曲折表达。

楚山、秦山皆白云，白云处处长随君。

长随君，君入楚山里，云亦随君渡湘水。

湘水上，女萝衣①，白云堪卧君早归。

北风行②

妻子思念从军之良人，本是乐府诗的惯常主题，李白则用更自由的句式、更夸张的笔法和更具张力的画面将这一幕悲剧刻画出来。据说这是他北上幽州期间所作，可能与目睹安史之乱前兆有关，则北地的风雪又具有了一层象征含义。

烛龙栖寒门③，光耀犹旦开。

日月照之何不及此？惟有北风号怒天上来。

燕山雪花大如席，片片吹落轩辕台④。

---

①女萝衣：以女萝所制之衣，这里暗指隐居生活。典出《楚辞·山鬼》："被薜荔兮带女罗。"　②北风行：鲍照曾写有此题，主题是感伤北风雨雪阻人回归，这首是李白的拟作。　③烛龙：传说中栖息于北方终年不见阳光的神，据称其为人面龙身但没有足。寒门：传说中北方极地之门。　④轩辕台：《山海经》记载的古台，约在今河北省怀来县乔山上。

幽州①思妇十二月，停歌罢笑双蛾摧。

倚门望行人，念君长城苦寒良可哀。

别时提剑救边去，遗此虎文金鞞靫②。

中有一双白羽箭，蜘蛛结网生尘埃。

箭空在，人今战死不复回。

不忍见此物，焚之已成灰。

黄河捧土尚可塞，北风雨雪恨难裁③。

乌夜啼④

黄昏时分，群鸦乱啼，独守空房、勤于纺织的女子，思念远行人，泪落如雨。作者抓住这样一个镜头，使这样一位思妇的孤独与痛苦永远定格。

黄云城边乌欲栖，归飞哑哑枝上啼。

机中织锦秦川女，碧纱如烟隔窗语。

停梭怅然忆远人，独宿孤房泪如雨。

---

①幽州：唐代幽州属于河北道范阳郡，正是后来安禄山起兵叛乱之地。　②鞞靫（bǐng chá）：当作"鞴（bèi）靫"或"步叉"，放箭的箭袋。　③这两句诗的意思是：黄河宽广，人人捧土尚可塞；北地苦寒，可恨风雪竟难除。裁，本义是削减，这里指将风雪驱逐消除。　④乌夜啼：据说是南朝宋临川王刘义庆创制的曲词，抒写内心恐惧忐忑之情，因此李白此首是用旧题写新意。

把酒问月

"把酒问月"，诗题即是李白绝妙的自我造象。明月常悬，人不常在，日复一日，忧从中来。月亮在此实在是足以引起人们伤感的一个意象，然而作者却更愿意关注积极的一面，当世享乐，洒脱豁达，一位飘逸浪漫的"谪仙人"呼之欲出。

故人贾淳令予问之。

青天有月来几时？我今停杯一问之。

人攀明月不可得，月行却与人相随。

皎如飞镜临丹阙，绿烟灭尽清辉发①。

但见宵从海上来，宁知晓向云间没②？

白兔捣药③秋复春，嫦娥孤栖与谁邻？

今人不见古时月，今月曾经照古人。

古人今人若流水，共看明月皆如此。

唯愿当歌对酒时，月光长照金樽里。

金陵酒肆留别

离别之时，惆怅难免。但在李白的笔下，伤感却不扭捏，豪气又不轻浮。或许这就是人们津津乐道的盛唐气象吧。

---

①绿烟：这里指夜晚的云烟。清辉：这里指皎洁的月光。 ②这两句诗的意思是：（人们）只见到夜晚从海上缓缓涌来，怎么知道白天也在云间逐渐隐没？宁（nìng），疑问副词，怎么。 ③白兔捣药：传说月中有白兔捣药。

风吹柳花满店香，吴姬压酒①唤客尝。

金陵子弟来相送，欲行不行各尽觞②。

请君试问东流水，别意与之谁短长。

登太白峰

太白积雪向来是名胜，太白峰高耸入云，足以引发人超尘出世之思。李白想象与太白金星对话，得以进入天门；再幻想乘风远去，月亮触手可得。高山之上，人世间的种种压力都暂时隐退，使人自由。

西上太白峰，夕阳③穷登攀。

太白④与我语，为我开天关⑤。

愿乘泠风⑥去，直出浮云间。

举手可近月，前行若无山。

一别武功⑦去，何时复更还？

---

①压酒：酿酒完成后将酒饭装入丝袋加以压制，以便取酒。唐人有饮用新酒的习惯，因此多直接饮用新压制出的酒。　②这两句诗的意思是：金陵的好友都来送行，想出发却又不舍，彼此默默饮酒而已。

③夕阳：这里指山的西面。　④太白：这里指金星。　⑤天关：即天门，这里用以形容太白峰之高。

⑥泠（líng）风：轻风。　⑦武功：即今陕西省咸阳市武功县，太白山在其西南。

荆门①浮舟望蜀江

本诗描绘了作者乘舟由蜀地入楚地途中所见所思，景随舟转，而以一水带之。使全诗节奏既显明快，又不失次第。历来多以此诗为李白晚年流放遇赦途中所作，但从清丽之风格和作者对蜀中依依不舍的情怀来看，似乎也不能完全排除为其早年出川途中作品的可能。

春水月峡来，浮舟望安极②？
正是桃花流，依然锦江色③。
江色绿且明，茫茫与天平。
逶迤巴山尽，摇曳楚云行④。
雪照聚沙雁，花飞出谷莺。
芳洲却已转，碧树森森迎。
流目⑤浦烟夕，扬帆海月生。
江陵⑥识遥火，应到渚宫城⑦。

古风（其三）

此诗以秦王千秋功业与求仙不成而分为两部分，前后形成强烈对比，因此让人感到有强烈的讽谏意味。全诗史实与夸张、想象结合，叙事与议论、抒情结合，欲抑故扬，跌宕生姿。

---

①荆门：即荆门山，在今湖北省宜都市西北，长江南岸，北岸为虎牙山，地势险要。　②这两句诗的意思是：春水浩荡，自明月峡而来；舟行水中，远望怎能穷尽？月峡，即明月峡，在今重庆市巴南区，山上石壁有圆孔，形如满月，因此得名。　③这两句诗的意思是：正是桃花流水，仲春时节；水色仍如锦江，与蜀地同。　④这两句诗的意思是：（舟行之中，）巴山起伏曲折，渐渐不见；楚云优游飘荡，随舟而行。　⑤流目：放眼四望。　⑥江陵：在今湖北省荆州市。　⑦渚宫城：楚国别宫，在江陵旧城东南。

秦王扫六合①，虎视何雄哉！

挥剑决②浮云，诸侯尽西来。

明断自天启，大略驾群才③。

收兵铸金人，函谷正东开④。

铭功会稽岭，骋望琅邪台⑤。

刑徒七十万，起土骊山隈⑥。

尚采不死药，茫然使心哀。

连弩射海鱼，长鲸正崔嵬⑦。

额鼻象五岳，扬波喷云雷。

鬐鬣⑧蔽青天，何由睹蓬莱？

徐市载秦女，楼船几时回？

但见三泉下，金棺葬寒灰⑨。

与史郎中钦听黄鹤楼上吹笛

《唐诗直解》评此诗"无限羁情笛里吹来"。李白将自己愁苦而冷落的心境融入悬想的苍凉景色之中，可以想见，黄鹤楼屹立江边，登楼见长江东逝，西望长安，悲从中来。加之以笛声，那种孤寂与惆怅就此蔓延徘徊，良久不去。

①六合：四方加上下，这里指天下。　②决：斩断。　③这两句诗的意思是：(秦始皇)圣明决断，来自上天启发；雄才大略，超越众多英才。　④这两句诗的意思是：(天下一统)尽收兵器，铸成金人十二；强敌荡灭，大开函谷之关。　⑤这两句诗的意思是：(秦始皇三十七年)登临会稽，刻石纪功；(二十八年)南登琅琊，得意展望。　⑥隈(wēi)：山弯曲处。这两句诗是写秦始皇在三十五年营建陵墓之事。　⑦这两句诗的意思是：(秦始皇)用连弩射杀海鱼，那长鲸巨大无比。这里指秦始皇二十八年，齐人徐市(即徐福)欺骗秦始皇说海中有蓬莱、方丈、瀛洲三神山，后连年不能求得仙人，便谎称海中有巨鱼阻碍。秦始皇于是在三十七年亲自前往之罘以连弩射杀了一条大鱼。　⑧鬐鬣(qí liè)：这里指巨鱼的背鳍。这句诗显然化用了木华《海赋》中"巨鳞插云，鬐鬣刺天"的句子，用以形容巨鱼体型之大。　⑨这两句诗的意思是：惟见三重水下，金棺华丽，尸骨已然成灰。

一为迁客①去长沙，西望长安不见家。

黄鹤楼中吹玉笛，江城五月落《梅花》②。

沙丘③城下寄杜甫

这是保存下来较少的李白寄送杜甫的诗句。全诗扣住一个"思"字，漫游全城，无所事事，因为思念对方；城外古树在夕阳下，发出瑟瑟秋声，也因为思念；酒不能醉，歌不能欢，更因为思念。最后寄寓河水，化无形为有形。

我来竟何事？高卧沙丘城。

城边有古树，日夕连秋声。

鲁酒不可醉，齐歌空复情④。

思君若汶水⑤，浩荡寄南征。

秋登宣城谢朓北楼⑥

此诗格调淡雅脱俗，意境苍凉旷远，既抒发了李白对先贤的追慕之情，也反映了他当时苦闷彷徨的孤独之感。

---

①迁客：指西汉的贾谊。　②落梅花：五月无梅花，因此这里显然指笛奏乐曲《梅花落》。　③沙丘：在今山东省兖州。　④空复情：徒然满怀深情。　⑤汶（wèn）水：鲁地河水名。　⑥谢朓北楼：在今安徽省宣城市陵阳山上，为南朝谢朓所建，历经多次毁坏重建，至今仍存。

江城如画里，山晚望晴空。

两水夹明镜，双桥落彩虹^①。

人烟寒橘柚，秋色老梧桐^②。

谁念北楼上，临风怀谢公。

访戴天山道士不遇^③

本诗当是作者早年在蜀中读书学道时的作品，写景细致绮丽，有山石气，尚带六朝及初唐风范。但已经能够将题旨、景物与情感自如地融合在一起，在呈现山中静谧悠闲氛围的同时，将访人不遇的主题和淡淡的遗憾表达出来。

犬吠水声中，桃花带露浓。

树深时见鹿，溪午不闻钟^④。

野竹分青霭，飞泉挂碧峰^⑤。

无人知所去，愁倚两三松。

---

①这两句诗的意思是：宛溪、句溪，如明镜般绕城；凤凰、济川，似彩虹般横跨。宛溪、句溪绕宣城合流，凤凰、济川是横跨其上的桥梁。　②这两句诗的意思是：炊烟四起，人与橘柚共寒；秋色满眼，我与梧桐俱老。　③戴天山：在今四川省江油县境内，相传是李白读书处。不遇：没有遇到。　④这两句诗的意思是：树林幽深，偶见野鹿出没；溪畔正午，不闻钟声敲响（暗指道士不在）。　⑤这两句诗的意思是：野竹挺直，拨开山中云雾；瀑布下落，挂于苍翠山峰间。

对酒忆贺监①二首（并序）（选一）

> 贺知章作为诗坛前辈，对李白是有知遇之恩的，"谪仙人"的千古名号，乃至后来李白得以接近玄宗，都或多或少与他有关。而他们同列"饮中八仙"，想必对此志同道合。如今贺知章谢世，李白对酒下泪，情深意长。

太子宾客贺公，于长安紫极宫一见余，呼余为"谪仙人"，因解金龟②换酒为乐。殁后对酒，怅然有怀，而作是诗。

四明有狂客，风流贺季真。

长安一相见，呼我谪仙人。

昔好杯中物，翻为松下尘③。

金龟换酒处，却忆泪沾巾。

宿五松山④下荀媪家

> 农家辛劳耕作，夜晚也没有休息，朴素的餐食，因为真挚的情谊，而让曾经"金尊清酒斗十千，玉盘珍羞直万钱"的李白珍视不已。或许山中农家的这顿饭，正抚慰了李白在尘世屡遭摧残的心。

---

①贺监：即贺知章，字季真，号四明狂客，越州永兴人，后迁居山阴（今浙江省绍兴市），官至秘书监，晚年又号秘书外监，因有此称；他是盛唐时期著名诗人、书法家。　②金龟：这里当指随身佩戴的龟形金饰。　③这两句诗的意思是：昔日疏狂，独好杯中之酒；一旦仙逝，竟成松下之尘。松下尘，墓地多植松柏，因此作为对去世的委婉说法。　④五松山：在今安徽省铜陵市境内。

我宿五松下，寂寥无所欢。

田家秋作苦，邻女夜舂①寒。

跪进雕胡饭②，月光明素盘。

令人惭漂母③，三谢④不能餐。

①舂（chōng）：这里指敲击谷粒去壳取米的劳作。　②雕胡饭：以茭白的籽做成的饭食，又称"菰（gū）米"。今天熟知的茭白是其茎部有寄生菌而形成的，古人称为"绿节"，而未感染能结籽实的称为"雕胡"。　③漂母：这里运用了西汉淮阴侯韩信落魄时曾受到在水边漂洗的老妇救济的典故。　④三谢：多次推辞。

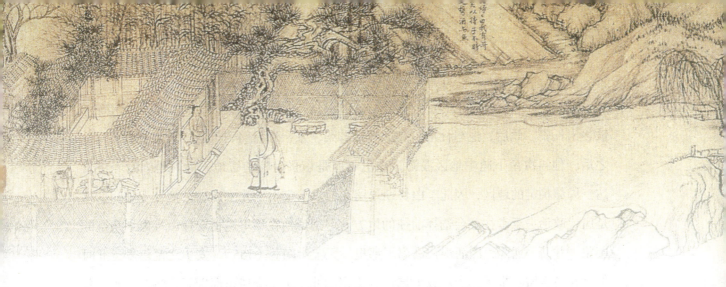

文史知识

李白生平

　　李白（701—762）的家世充满着神秘色彩，据说他出生于中亚地区的碎叶城。这是一个远离中原、诸国商人荟萃的地方，因此有人曾怀疑他根本就不是汉人。他五岁时就随父亲迁至四川居住，在那里度过了自己的青少年时期。在四川，他一方面博览群书，因此他在文学趣味和积累上，与唐前期的一般士人并没有特别不同，他作品中蕴含着某些六朝诗文的余绪，诗集中还保留有数量可观的仿作，都是他刻苦学习前人的表现。另一方面，他受到了道教的熏染，终身信仰，想必其身上的神仙气，与此不无关系。他的家族有经商的背景，因此他也惯于漂泊流浪，二十五岁时，他出川漫游，从此再也没有回去。

　　他沿着长江漫游，去过洞庭，到过庐山，在金陵、扬州一带逗留过一段时间。这里是南朝的核心地区，也是他内心向往已久的地方。据说在不到一年的时间内，他挥霍了三十万金的家产。如果这是真的，那么他的家族或许确曾富有，也因此有人推测他必有在长江流域经商的亲属。但出川两年后，他就回到湖北安陆与前宰相许圉师的孙女结婚。开元十八年（730），他来到长安，寓居在终南山，显然想干谒权贵，但没有成功。他就是在这个时候结识贺知章等人的。一年多后，他又回到安陆。直到天宝元年（742），他来到泰山，随后将一双儿女安排在南陵，自己则南下越中地区。该年即得到玄宗让其入京供奉翰林的诏书，在南陵辞别孩子后前往长安。

　　李白受到玄宗礼遇，本身就是一个奇迹——这样一个毫无功名的流浪诗人，一步登天地来到皇宫，得以接近皇帝。但是他很快就发现，供奉翰林只是陪伴君主取乐的侍臣，共事者中也有不少让他反感之徒。他也许表现出了不满，因而在一年多后就被逐出长安。此后，他与杜甫、高适等漫游梁、宋，然后回到鲁地。天宝五载（746）之后，他再次南下越中地区漫游，这里不但是东晋南朝的腹地，而且是当时经济发达、局势稳定的地区，因此李白长期逗留此地。天宝十一载（752），他北上幽州，这是唐代政治失意者往往会选择前往的地方。但据说他在那里窥见安禄山等谋划叛乱的迹象，并几乎遇险，因而很快逃离了那里。天宝十四载（755），安史之乱爆发，此时他已经在宣城一带了。十六载（757），玄宗的儿子永王李璘东巡期间，将李白延入幕府，就此埋下了李白晚年悲剧的隐患。永王被肃宗镇压后，李白也被视为逆党被捕，差点被杀，之后流放夜郎。他此时应该是悲痛绝望的，但在流放途中逢肃宗大赦，他得以返回江陵，其时为肃宗乾元二年（759）。之后，他在今湖北、江西一带徘徊了一段时间，于上元二年（761）来到今安徽南部定居，其间又去过金陵，据说还想投奔李光弼军中，未果。次年，诗界天才李白在当涂去世。

思考与练习

一、默写下列李白诗歌名句（不限于选文）。

1. 浮云游子意，＿＿＿＿＿＿＿。

2. 抽刀断水水更流，＿＿＿＿＿＿。

3. 天生我材必有用，＿＿＿＿＿＿。

4. 谁家玉笛暗飞声，＿＿＿＿＿＿。

5. 长风破浪会有时，＿＿＿＿＿＿。

二、阅读下面李白诗歌，回答问题。

渡荆门送别

李　白

渡远荆门外，来从楚国游。

山随平野尽，江入大荒流。

月下飞天镜，云生结海楼。

仍怜故乡水，万里送行舟。

上述诗歌是李白离蜀东下时所作，描写了诗人乘舟自蜀中出荆门时的所见所感。《诗境浅说》中说"太白天才超绝，用笔若风樯阵马，一片神行。……五、六句写江中所见，以'天镜'喻月之光明，以'海楼'喻云之奇特。……末二句叙别意，言客踪所至，江水与之俱远，送行者心亦随之矣。""借水寓情"是李白诗中经常使用的方法，请你另举一例并简要赏析。

三、"无法"必先"有法"。李白是一位"无法"的大诗人，他的诗歌想象丰富，纵横驰骋，若天马行空，无迹可寻。他之所以达到如此"无法"的境界，是同师法前人分不开的。据研究者指出，对他影响最大的是楚辞和汉魏六朝乐府民歌，比如被誉为"奇之又奇""自骚人以还，鲜有此体"的《蜀道难》，也能从其选材、构思、句法上，看出师承屈原之处。请上网查阅相关资料，并对此作简要阐述。

第三单元

无法逾越的高峰（下）
——杜甫

单元导读

　　天宝十三载（754）春，杜甫到长安求仕已经快十个年头了，他潜心写作的三篇大赋已经呈送，虽然一度有些希望，但依然一介布衣。在一次醉酒之后，杜甫写了一首《醉时歌》，发出了这样的牢骚："儒术于我何有哉？孔丘盗跖俱尘埃。不须闻此意惨怆，生前相遇且衔杯。"这样的句子如果不仔细查看，也许会误认为是李白所写。毕竟，杜甫千百年来留给我们的印象一向是一位忠君爱国、关心民瘼的儒家底色的诗人。然而，杜甫首先是一个普通人，他也有自己的亲人、自己的痛苦和身处这个时代不可避免的矛盾。

　　杜甫的家世比李白显赫多了，不用提他的远祖西晋的杜预，就是他的祖父杜审言，便是初唐诗坛上的重要成员。因此，杜甫一直特别自信，又说"诗是吾家事"（《宗武生日》），又说"致君尧舜上，再使风俗淳"（《奉赠韦左丞丈二十二韵》）。只是到他这里，家世衰微，他并没有沾得祖上的光辉。因此，他对功名的追求也就特别在意。开元二十三年（735），他第一次参加了进士科考试，但没有成功。天宝六载（747），他又来长安参加制科，宰相李林甫声称野无遗贤，都未予录取。在大约写在此次失利后的一首诗中，杜甫感慨道："致君时已晚，怀古意空存。……宁纡长者辙，归老任乾坤。"（《赠比部萧郎中十兄弟》）他的失望与灰心是显而易见的，但他并不就此甘心。之后的六七年间，他一直在长安活动。先后三次直接向朝廷进献《雕赋》《三大礼赋》和《封西岳赋》，其中甚至对杨国忠有赞誉之词，不免贻讥有识。因为人们清楚地记得他在《丽人行》里愤怒地谴责"炙手可热势绝伦，慎莫近前丞相嗔"。然而，此时他已经顾不得这些了。只是这些努力，直到天宝十四载（755）才换来一个河西①尉的官职，杜甫却不愿意前往，就推辞了。后来改任了右卫率府兵曹参军，管理太子仪仗队的文书。他的选择有人认为是挑肥拣瘦，或许确有这样的因素，但考虑到他此时已经四十四岁了，拖家带口，实在不便，加之唐代普遍重京官而轻外任，他这样做也就可以理解了。

　　只是天有不测风云，没过多久，安史之乱爆发。当时他正在省亲，但长安的混乱恐怕早已耳闻。战争冲击的是既有秩序，对于他来说政治上已经没什么可失去的了。因此在得知肃宗在灵武即位后，他就决定前往投奔，却在途中被叛军抓住押解回长安。在沦陷的长安度过艰难的八个月后，他伺机逃出，成功在凤翔拜见了新天子，被授予左拾遗的官职，只是很快就因为替犯错的房琯说情触怒肃宗，险些丧命，就此失去了信任。长安收复之后，肃宗派他去做华州司功参军，这一官职与教育祭祀有关，按理他是能够胜任的，只是杜甫又不惯事务繁巨，以至于"束带发狂欲大叫"（《早秋苦热堆案相仍》），简直要崩溃了。之后关中发生饥荒，估计他的日子也艰难起来，于是在乾元二年（759）七月自行离职。人们再一次感到困惑，前不久刚刚写下"三吏三别"的杜甫，竟然如此轻易地断送了自己的仕途。此后，他再也没有担任实质性的官职。

　　杜甫对家国天下的关心与热情当然是出于热忱，但从他的政治生涯，我们又应该清楚，他始终不是后世宣扬的那样纯粹，他会因为私人的利益而放弃责任，也会因为朋友的情谊而作错误的辩解，当然更会为了家人的幸福选择安定的生活。只有在承认这些的基础上，我们才能更好地去感受他那些将个人遭遇、情感、命运与百姓乃至整个国家的兴衰起伏结合起来的伟大诗篇。也只有这样，这些诗篇才是有温度、有感情的，从而更加真实。

①河西：河西县在今四川省宜宾市，也有人认为在今云南省境内，在当时都属于偏远地区。

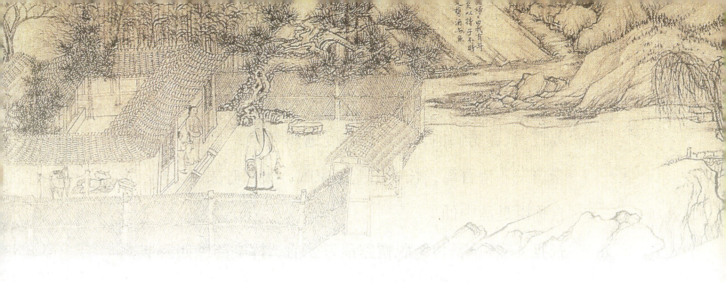

选文部分

饮中八仙歌

据说杜甫饮酒很多，但他似乎很少表现出狂放的一面，更多的还是一种克制内敛的形象。作为后辈，他对这八位"酒仙"心驰神往，以至于在诗中以写意的笔法勾画他们的醉态，潇洒狂放，俨然魏晋名士再世。可见杜甫的内心实际隐藏着火焰。

知章①骑马似乘船，眼花落井水底眠②。

汝阳三斗始朝天③，道逢麹车④口流涎，恨不移封向酒泉⑤。

左相⑥日兴费万钱，饮如长鲸吸百川，衔杯乐圣称避贤⑦。

宗之⑧萧洒美少年，举觞白眼望青天，皎如玉树临风前。

---

①知章：指贺知章。　②这句诗的意思是：（他喝醉后）眼花，不慎落井也不自知，照样在井底睡去。
③汝阳：指汝阳郡王李琎（jīn），他的父亲是唐玄宗的长兄，将太子位主动让出并在去世后被追赠为"让皇帝"的李宪。朝天，指入宫觐见皇帝。　④麹（qū）车：酒车。　⑤酒泉：在今甘肃省酒泉市，传说那里的金泉泉水味道如酒。　⑥左相：即李适之，他是唐宗室，恒山王李承乾的孙子，天宝年间官至左丞相，后与李林甫不和罢相。　⑦这句诗的意思是：（李适之罢相后）贪杯依旧，自称生逢盛世，乐于让位给贤者。李适之罢相后所作诗中有"避贤初罢相，乐圣且衔杯"的句子，作者在此加以化用。　⑧宗之：即崔成辅，"宗之"是他的字，人们更习惯称他的字，叫做"以字行"。他是李白的朋友。

苏晋①长斋绣佛前，醉中往往爱逃禅②。

李白一斗诗百篇，长安市上酒家眠，天子呼来不上船，

自称臣是酒中仙。

张旭③三杯草圣传，脱帽露顶王公前，挥毫落纸如云烟。

焦遂五斗方卓然④，高谈雄辩惊四筵。

忆昔二首（其二）

> 今昔对比，最易使人增加痛苦。这是长安继安史之乱后再次陷落，当年亲身经历战争荼毒的杜甫，当然更加忧伤。他回忆起开元盛世时的种种好处，与后来的连年征战、国势颓败形成残酷的对比。有人甚至认为，对于未来的渺茫，促使杜甫等由承平转入衰世的诗人通过诗句再造了所谓"开元盛世"。无论如何，那段时间对于作者和人民来说，对于唐帝国来说，都太过短暂而美好了。

忆昔开元全盛日，小邑犹藏万家室。

稻米流脂粟米白，公私仓廪俱丰实。

九州道路无豺虎，远行不劳吉日⑤出。

齐纨鲁缟车班班⑥，男耕女桑不相失。

宫中圣人奏《云门》⑦，天下朋友皆胶漆⑧。

---

①苏晋：少年天才，曾任中书舍人，起草文告，颇为玄宗赏识。　②逃禅：指违反佛教戒律，苏晋长期斋戒，但依然时时饮酒破戒。　③张旭：字伯高，吴县人，著名书法家，尤擅草书。　④焦遂：生平不详，他是布衣，可能居住昆山一带。卓然，这里是谈兴很浓的意思。　⑤吉日：通过占卜认为适宜出行的日子，由于社会安定，因此说不必特别择日。　⑥这两句诗的意思是：齐鲁之地运送丝织品的车马络绎不绝。纨（wán），细绢。缟，洁白轻细的丝织品，鲁地尤为擅长织造。班班：形容车辆往来的拟声词，这里用以形容商人往来众多。　⑦圣人：唐人对皇帝的称呼。《云门》：传说中黄帝时期的乐曲，这里形容开元盛世堪比黄帝时期。　⑧胶漆：二者都是黏着之物，这里用以形容人们情谊深厚。

百余年间未灾变，叔孙礼乐萧何律①。

岂闻一绢直万钱，有田种谷今流血②。

洛阳宫殿烧焚尽，宗庙新除狐兔③穴。

伤心不忍问耆旧，复恐初从乱离说④。

小臣鲁钝无所能，朝廷记识蒙禄秩⑤。

周宣中兴望我皇⑥，洒泪江汉身衰疾。

羌村三首（其一）

诗人始而写鸟雀惊，继而写妻孥惊，继而写邻人惊，最后写自己亦惊——此诗以"惊"字经纬，值得细细品味。

峥嵘⑦赤云西，日脚⑧下平地。

柴门鸟雀噪，归客千里至。

妻孥⑨怪我在，惊定还拭泪。

世乱遭飘荡，生还偶然遂⑩。

---

①这句诗的意思是：唐代全盛时期，如同西汉有叔孙通制定的礼乐制度、萧何制定的律令一般，各项制度十分完备。　②这两句诗的意思是：（那时候）哪里听说过一匹绢布要值一万制钱的事情，（而现在却是这样，）农田本应用来种粮食，现在却到处发生战争。直，同"值"，价值。　③狐兔：这里是对广德元年（763）占领长安的吐蕃的蔑称。吐蕃十月入侵，十二月唐代宗才回到长安，此诗写于稍后，因此称"新除"。　④这两句诗的意思是：不忍心再去问那些经历过开元盛世的老人，怕他们再从安史之乱长安沦陷那时说起，惹得彼此伤心。耆（qí）旧，这里指老年人。　⑤这句诗的意思是：朝廷还记得我，使我蒙受朝廷的俸禄和官职。这里指杜甫在唐代宗广德二年（764）六月由严武上表得到检校工部员外郎的官职。禄秩，俸禄和官职。　⑥这两句诗的意思是：希望我们的皇帝（指唐代宗）能够像周宣王那样使唐王朝复兴。周宣王，西周第十一代国君，周厉王之子，他在执政前期能够善用大臣，使西周国事得到改善，史称"宣王中兴"。　⑦峥嵘：这里指云气高远的样子。　⑧日脚：这里指夕阳透过云层射下来的光芒。　⑨妻孥（nú）：妻子和孩子。　⑩遂：成功。

邻人满墙头，感叹亦歔欷^①。

夜阑更秉烛，相对如梦寐。

赠卫八处士

　　此诗写久别的故人重逢话旧，家常情境，家常话语，娓娓道来，表现了乱离时代一般人所共有的"沧海桑田"和"别易会难"之感，历来为人们称道。

人生不相见，动如参与商^②。

今夕复何夕，共此灯烛光。

少壮能几时，鬓发各已苍。

访旧半为鬼，惊呼热中肠^③。

焉知二十载，重上君子堂。

昔别君未婚，儿女忽成行。

怡然敬父执^④，问我来何方。

问答未及已，驱儿罗酒浆。

夜雨剪春韭，新炊间^⑤黄粱。

主称会面难，一举累十觞。

十觞亦不醉，感子故意^⑥长。

明日隔山岳，世事两茫茫。

---

①歔欷（xū xī）：哭泣。　②参（shēn）与商：参宿与商宿（即心宿），分别属于西方七宿和东方七宿，彼此不同时出现在天宇，借以代指人与人之间难以相逢。　③这两句诗的意思是：问讯旧友，半已谢世；惊呼连连，内心凄惨。　④这句诗的意思是：高兴地迎接父亲的友人。父执，父亲的朋友。　⑤间（jiàn）：加入。　⑥故意：老友的情谊。

房兵曹胡马

此诗托马言志，诗中充盈着一种渴望建功立业、封侯万里的远大抱负，正是青年杜甫的真实写照，也是盛唐气象的一种流露。

胡马大宛①名，锋棱②瘦骨成。

竹批双耳峻③，风入四蹄轻。

所向无空阔④，真堪托死生。

骁腾⑤有如此，万里可横行。

寒 食

寒食之际，春光渐好，作者虽然居处偏僻，但风光秀丽，静谧安详，更可贵的是淳朴的农村生活，让人轻松愉悦，可以摆脱许多虚情假意。彼此邀请馈赠，不必记挂人情，在这样一个典型的"熟人社会"，就连鸡犬都忘记了回家。

寒食江村路，风花⑥高下飞。

汀烟轻冉冉，竹日静晖晖⑦。

田父要皆去，邻家问不违⑧。

地偏相识尽，鸡犬亦忘归。

---

①大宛（yuān）：汉代西域三十六国之一，出产名贵的汗血马。　②锋棱（léng）：本指物体的棱角，这里用以形容马的瘦健。　③这句诗的意思是：马耳尖锐，仿若竹筒削成。批，这里是砍削的意思。④这句诗的意思是：马奔走处，无论多远，必能顷刻到达。无，无论。空阔，旷远。　⑤骁（xiāo）腾：骏马奔驰。　⑥风花：风中飞舞的花，这是寒食时节的物候。⑦这两句诗的意思是：江上云烟，轻轻飘动；日光透竹，静谧明媚。　⑧这两句诗的意思是：老农相邀，我都前往；邻家馈赠，也不推辞。父（fǔ），老者。要（yāo），同"邀"，邀请。问，馈赠，相当于"遗（wèi）"。

水槛①遣心二首（其一）

本诗抒发向晚幽居之意，颇见功力。看似寻常景致，但作者时远时近，忽上忽下，视角不断转变推移，次序井然。如颔联，在句法上进一步增加了五言句的容量，使其在描摹景物细微之处显得更为有力。

去郭轩楹敞，无村眺望赊②。

澄江平少岸，幽树晚多花③。

细雨鱼儿出，微风燕子斜。

城中十万户，此地两三家。

野望因过常少仙④

全诗充满幽然野趣，对于秋日乡村物候的描摹，细致巧妙。颈联尤其难得，非亲临其境者不能写出。

野桥齐渡马⑤，秋望转悠哉。

竹覆青城合，江从灌口来⑥。

---

①水槛（jiàn）：指杜甫所居草堂边临水亭台的栏杆。　②这两句诗的意思是：远离城市，居处宽敞；旁无村落，视线广远。轩楹（yíng），本指房屋的檐廊和柱子，这里代指草堂。赊，遥远。　③这两句诗的意思是：江水澄澈，江岸少见，水与岸平；树木葱茏，繁花似锦，渐已黄昏。　④常少仙：即常少府，"少府"是唐人对县尉的敬称，有人认为此人是杜诗中提及的常徵君。　⑤这句诗的意思是：野外之桥，人下马与马共渡。　⑥这两句诗的意思是：竹林茂密，将青城山覆盖；江水悠悠，远从灌口而来。灌口，在今四川省都江堰市灌口街道。

入村樵径引，尝果栗皱开①。

落叶高天日，幽人未遣回②。

江　汉

此诗为杜甫晚年客滞江汉时所写，诗人以"老马"自比，感叹自己虽是一个"腐儒"，但"心犹壮"，"病欲苏"，从中不难体味出诗人积极用世的精神和老当益壮的情怀。

江汉思归客③，乾坤一腐儒。

片云天共远，永夜月同孤④。

落日心犹壮，秋风病欲苏⑤。

古来存老马，不必取长途⑥。

江　村

此诗细腻地描画眼前的景物，叙写闲适的生活情趣，表现出难得的安定生活给诗人带来的满足和欣悦。末两句看似豁达，实则隐藏着种种屈辱与焦虑。

---

①这两句诗的意思是：村庄僻静，直从野路而入；品尝新栗，外壳刚刚裂开。樵径，樵夫在山林砍柴走出的野路。皱，当作"皴（cūn）"，指栗子外壳在成熟后自然紧缩开裂，诗中以此表示栗子极为新鲜。　②遣回：让我回去。　③思归客：想回故乡的客子，即作者自称。下句"腐儒"，即迂腐的儒生，也是作者自称。　④这两句诗的意思是：浮云在天，我与云共漂泊；长夜有月，我与月同孤独。　⑤苏：这里指病愈。　⑥这两句诗的意思是：我虽老马，不能奔驰万里；自古留用，余智尚能效力。典出《韩非子·说林》，作者以此表达尚希为国效力之志。

清江一曲抱村流①，长夏江村事事幽。

自去自来梁上燕，相亲相近水中鸥。

老妻画纸为棋局②，稚子敲针作钓钩。

但有故人供禄米，微躯此外更何求③？

秋兴八首（其一）

此诗当作于大历元年（766）杜甫旅居夔州之时。经过多年漂泊，作者老病交加，亲朋零落，尝尽艰辛，面对满目萧瑟的秋景，身世蹉跎之恨、国家兴衰之感，一齐涌上心头，悲壮而凄凉，读来令人荡气回肠。

玉露凋伤枫树林，巫山巫峡气萧森④。

江间波浪兼天涌，塞上风云接地阴⑤。

丛菊两开他日泪，孤舟一系故园心⑥。

寒衣处处催刀尺，白帝城高急暮砧⑦。

---

①这句诗的意思是：清溪曲折，环抱村庄而流。清江，即杜甫在成都所建草堂旁的浣花溪。　　②棋局：棋盘。　　③这两句诗的意思是：只要有老友供应俸禄给我，除了这不足道的躯体外我还追求什么呢？故人，指当时的成都尹裴冕，是他出资为杜甫修建了草堂。微躯，微小的身躯，是自称的谦词。　　④这两句诗的意思是：寒露普降，江边枫树凋零；夔州山水，深秋一片萧瑟。玉露，白露。　　⑤这两句诗的意思是：巫峡浪急，水势浩荡连天；巫山云暗，雾气阴晦接地。　　⑥这两句诗的意思是：自离蜀地，已是两见菊开，旧恨新愁，对此频频垂泪；沿江而下，孤舟无时不伴，归乡之思，全系一叶小舟。他日，往日。该联相当于"丛菊两开，开他日泪"，"孤舟一系，系故园心"，大大增加了七言句的内涵。　　⑦这两句诗的意思是：游子漂泊，家家赶制冬衣；白帝城高，薄暮捣衣声急。刀尺，裁衣的工具，这里代指制衣。砧（zhēn），捣衣所用之石，这里代指捣衣声。

登 高①

悲秋和登临都是中国士人的文化传统。或有悲而对秋增悲凉，或无悲而对秋思悲意。而登高临远，思乡怀人，所欲不及，都是足以引人感怀的。而此时的杜甫，羁旅已久，年老多病，家国多难，连酒复不能饮，难免百忧交集。

风急天高猿啸哀，渚清沙白鸟飞回。

无边落木②萧萧下，不尽长江滚滚来。

万里悲秋常作客，百年多病独登台③。

艰难苦恨繁霜鬓，潦倒新停浊酒杯④。

①登高：古代有重阳节（农历九月初九）登高的习俗。　②落木：即落叶，但"落木"更易引发读者关于疏朗萧瑟之联想。　③这两句诗的意思是：离家万里，常客他乡，深秋倍感凄凉；一生多病，潦倒穷困，今日独登高台。　④这两句诗的意思是：时事艰难，又恨白发满头；为病所困，刚刚戒除饮酒。

燕子来舟中作

杜甫于大历四年（769）正月由岳州到达潭州，根据首联，此诗当作于次年春天。杜甫此时已经完全居住在船上了，罕见友人来访，他的孤寂憔悴可以想见。以至于一只燕子的短暂来访，也使他那样敏感，那样感动。他是那样孤独，喃喃自语，往事都只能对这只燕子诉说——燕儿何幸，诗人何其不幸！这也许就是成为一位伟大诗人须付出的代价吧。

湖南为客动①经春，燕子衔泥两度新。

旧入故园尝识主，如今社日远看人②。

可怜处处巢居室，何异飘飘托此身③。

暂语船樯还起去，穿花贴水益沾巾④。

江上值水如海势聊短述

草堂新成，逢春水涨，作者正想对此写一首长诗，也许太过喜悦，热情太甚，并不适宜创作。他转而对自己日臻成熟的诗笔自信起来，看似处处自谦，但只需稍加注意他对于和陶渊明、谢灵运共对美景、挥洒诗篇的渴望，就知道他的自信到达了怎样的地步。

为人性僻耽⑤佳句，语不惊人死不休。

---

①动：相当于"动不动"，这里是不觉的意思。　②这两句诗的意思是：（燕子）旧时飞入故园，曾识我面；如今异乡春社，远望不识。　③这两句诗的意思是：燕子可怜，处处筑巢而居；与我何异，漂泊寄托此身。　④这两句诗的意思是：（燕子）暂栖樯杆，似来慰我，呢喃数声便去；穿过花丛，紧贴水面，更使我感伤落泪。　⑤耽（dān）：沉迷，这里是极为喜爱的意思。

老去诗篇浑漫与，春来花鸟莫深愁^①。

新添水槛供垂钓，故著浮槎替入舟。

焉得思如陶谢^②手，令渠述作与同游^③。

---

①这两句诗的意思是：人渐老去，诗皆随意抒写；春来不愁，笔力必胜花鸟。　②陶谢：指前代大诗人陶渊明与谢灵运，也有人认为"谢"指南朝宋的谢惠连。　③渠：他们。述作：写作。

文史知识

安史之乱中的杜甫

　　唐帝国立足关中、陇西，向来重视向西经营，因此自高宗以来就将重兵放在西北边境，防备当时强大的突厥、吐蕃；而对东北部则相对宽松，多采用和亲政策以安抚边地民族。但玄宗后期倦于政务，对日益坐大的安禄山过于宽纵，以至于在河北的藩镇逐渐有了离心倾向。天宝十四载（755）十一月，安禄山趁西北边境几位重要的节度使入朝而不在任上之时，在渔阳（今北京市附近）起兵叛乱，仅三十四天就攻占东都洛阳。承平已久的帝国，从天子至百姓，都措手不及，北方迅速陷入了混乱之中。

　　杜甫在几个月前刚刚出任右卫率府兵曹参军一职，此时正在奉先（今陕西省蒲城县）的家中，他是在十月离开的，十一月战争就开始了。《后出塞五首》其四说"主将位益崇，气骄凌上都"，其五又说"坐见幽州骑，长驱河洛昏"，大约是杜甫最初获悉长安陷落时写的作品。第二年夏天，他向北来到白水县投靠一位舅辈崔十九，大约因他所在的区域在长安以东，潼关失守后情势紧张，他不断地在向北迁移。不久又想去鄜州（今陕西省富县），在鄜州下属的三川县得到了好友孙宰的帮助，他十分感激，多年后还在《彭衙行》中追忆："痴女饥咬我，啼畏虎狼闻。怀中掩其口，反侧声愈嗔。小儿强解事，故索苦李餐。一旬半雷雨，泥泞相牵攀。既无御雨备，径滑衣又寒。"可见他此次是举家出行，又逢连绵大雨，狼狈不堪，而这位朋友无疑是雪中送炭的："延客已曛黑，张灯启重门。暖汤濯我足，剪纸招我魂。从此出妻孥，相视涕阑干。众雏烂熳睡，唤起沾盘飧。誓将与夫子，永结为弟昆。"杜甫当是在此听说肃宗于灵武即位的消息，便将家眷留在鄜州，决定只身前往。途中被叛军掳至长安，看到了沦陷后的凄惨。街头困顿的行人中，有逃难沦落的王室成员，"问之不肯道姓名，但道困苦乞为奴。已经百日窜荆棘，身上无有完肌肤"（《哀王孙》）。也有为官军失利而痛哭的百姓，"都人回面向北啼，日夜更望官军至"（《悲陈陶》）。更多的是一个人的孤独与痛苦，"烽火连三月，家书抵万金"（《春望》）；对家人的思念与牵挂，"今夜鄜州月，闺中只独看。遥怜小儿女，未解忆长安"（《月夜》），"涧水空山道，柴门老树村。忆渠愁只睡，炙背俯晴轩"（《忆幼子》）——大量运用主客移位的技巧，其思念之深切可想而知。他来到昔日繁华的曲江边，哀叹"江头宫殿锁千门，细柳新蒲为谁绿"（《哀江头》）。他的生活几乎不能维持，"杖藜入春泥，饥来起我早"（《雨过苏端》），"春夏各有实，我饥岂无涯"（《喜晴》）。终于，这困顿与耻辱在至德二年（757）四月结束了，杜甫得到机会从长安城西侧中间的金光门逃出，一直向西来到凤翔（今陕西省宝鸡市凤翔县）投奔肃宗。

杜甫此时没有先回鄜州，而是来到肃宗这里，据说是"麻鞋见天子，衣袖露两肘"，当然感动了肃宗，任命他为左拾遗，他也因此"柴门虽得去，未忍即开口"（《述怀》）。秋天，收到家书，得知鄜州的家人没有迁徙，两个儿子都还好，他总算得到了一些安慰。然而他很快因为房琯之事得罪肃宗，在拜官仅四个月后就在闰八月回鄜州去了。他的心情很低落："山路时吹角，那堪处处闻"（《留别贾严二阁老两院补缺》），"兵戈犹在眼，儒术岂谋身"（《独酌成诗》）。大约是他被赦免的事情还没有传到家中，当他徒步出现在家人面前时，"妻孥怪我在，惊定还拭泪"，"娇儿不离膝，畏我复却去"（《羌村三首》）。此后，他在羌村度过了一段较为安适的生活，邻里融洽，时常携酒前来听杜甫诉说此番经历，说完大家都泪如雨下。与此同时，郭子仪收复了长安，于是在十一月，他又前往长安，继续担任左拾遗，出入宫廷。他也许认为此前的风波已经过去，因而颇为自喜："移昼漏稀闻高阁，天颜有喜近臣知"（《紫宸殿退朝口号》）。但乾元元年（758）六月，他再次受房琯案牵连，被贬为华州司功参军，不得不离开长安前往赴任。

安史之乱使杜甫备尝艰辛，几度死于非命，也使他更自觉地把个人命运与百姓乃至国家命运联系起来，使他的创作具有更广阔的空间与视野，这也是杜甫被称为"诗圣"的根本原因。但他不曾想到，自己甘冒生命危险投奔肃宗，竟然会因为一次仗义进言而失去前途；他也不曾想到，重回长安后，之前陷落长安曾经接受伪职、与他多有酬答的王维不但能够免受处罚，而且平步青云，自己却落得被贬遭逐的下场。也许上天觉得"诗圣"还须经受更多的锤炼、更多的流浪、更多的痛苦，方能最终成就吧。

思考与练习

一、默写下列杜甫诗歌名句的上句或下句（不限于本单元选文）。

1. 天子呼来不上船，＿＿＿＿＿＿。

2. 安得广厦千万间，＿＿＿＿＿＿，风雨不动安如山？

3. 随风潜入夜，＿＿＿＿＿＿。

4. 尔曹身与名俱灭，＿＿＿＿＿＿。

5. ＿＿＿＿＿＿，恶竹应须斩万竿。

6. 细雨鱼儿出，＿＿＿＿＿＿。

7. 此曲只应天上有，＿＿＿＿＿＿。

二、阅读下列杜甫诗歌名句，完成第1—3题。

（1）文章千古事，得失寸心知。（《偶题》）

（2）无边落木萧萧下，不尽长江滚滚来。（《登高》）

（3）两个黄鹂鸣翠柳，一行白鹭上青天。（《绝句》）

（4）笔落惊风雨，诗成泣鬼神。（《寄李十二白二十韵》）

（5）吴楚东南坼，乾坤日夜浮。（《登岳阳楼》）

（6）为人性僻耽佳句，语不惊人死不休。（《江上值水如海势聊短述》）

（7）不薄今人爱古人，清词丽句必为邻。（《戏为六绝句》）

（8）读书破万卷，下笔如有神。（《奉赠韦左丞丈二十二韵》）

（9）星垂平野阔，月涌大江流。（《旅夜书怀》）

（10）舍南舍北皆春水，但见群鸥日日来。（《客至》）

1. 上述诗句从内容上大致可分为两大类：一类是评论诗文的，包括＿＿＿＿＿；一类是＿＿＿＿＿的，包括＿＿＿＿＿。（填写序号）

2. 杜甫《登高》诗中"无边落木萧萧下，不尽长江滚滚来"一句与其《望岳》中的名句"＿＿＿＿＿＿＿，＿＿＿＿＿＿＿"一样，都能给人以哲理的启迪。

3. 为什么说杜甫诗句"星垂平野阔，月涌大江流"比李白诗句"山随平野尽，江入大荒流"更具神韵？请你作一简要赏析。

三、杜甫对于诗歌的语言非常重视，曾毫不讳言地宣称："语不惊人死不休。"但杜甫所谓"惊人"，并非追求句式、词语的奇特，而是注重用准确、精当的语言，给人以强烈的感受。试任选一例并作简要赏析。

四、对比阅读，回答问题。

黄鹤楼送孟浩然之广陵

李　白

故人西辞黄鹤楼，烟花三月下扬州。

孤帆远影碧空尽，唯见长江天际流。

江南逢李龟年

杜　甫

岐王宅里寻常见，崔九堂前几度闻。

正是江南好风景，落花时节又逢君。

李白的诗题着一"送"字，写辞别故人，但哀而不伤；杜甫的诗题着一"逢"字，写久别重逢，却喜中含悲。这是什么原因呢？请你简要评析。

第四单元

夕阳西下的美好
——中晚唐诗人

单元导读

  会昌年间，李商隐迁至长安定居，有一天傍晚，心情低落的他来到长安城东南的名胜乐游原。此处居高临下，整齐如棋局的长安尽收眼底，行人如点，纷纷而归，街衢渐寂，残阳如血。诗人于是感慨，"向晚意不适，驱车登古原。夕阳无限好，只是近黄昏"（《乐游原》）。惯写典故密集、典雅靡丽诗篇的李商隐，用这样明白如话却深情款款的笔调写出了这个黄昏涌向他内心的无限凄凉，这种也许纯粹私人化的情感，在许多年后，被人们认为是晚唐国势衰颓、士风感伤的象征。

  无独有偶，比李商隐大十岁的杜牧也曾登上乐游原极目远眺，他的目光更远地看到了长安周边的西汉皇陵，感慨时移世易，昔日的辉煌荡然无存，写下了这样的诗句，"长空淡淡孤鸟没，万古销沉向此中。看取汉家何似业，五陵无树起秋风"（《登乐游原》）。思古伤今，杜牧恐怕更伤感的是当时的唐朝局势。

  中唐以后直至晚唐，安史之乱的余绪和伤痛依然存在，而之前帝国表现出的那种大气自信、多元包容的气象也渐渐消退。与此同时，朝政不稳，宦官专权，甚至到了废杀皇帝的地步。于是，儒家思想继东汉之后重新开始为国家和士大夫所重视。一方面，分裂倾向依然存在的帝国需要儒家思想来维护统一、叙述正统；另一方面，那些关心国家命运的士人也以儒家思想作为批判历史与现实的利器。因而，这一时期的诗歌，往往有非常强烈的现实关怀。就连以爱情诗见长的李商隐也写过《行次西郊作一百韵》的长篇巨制，通过与一位村民的对话反映了这一时期唐代的诸多弊政、地方的黑暗与百姓的煎熬，被誉为继承杜甫的"诗史"。

  然而，积弊已久的国家并不因为诗人的关注与热忱而改变，事实上他们往往只能做一个痛苦的旁观者。因而，一个看似矛盾的现象产生了：诗人在感时忧世的同时，更深刻地转向了自我，从而创造出另一个看起来截然不同的诗境。李商隐就是这方面的典范，前述的《行次西郊作一百韵》以及《隋师东》《重有感》《韩碑》等是非常质朴而贴近现实的诗篇，而他在文学史上最为人推重的却是《无题》二首、《锦瑟》等典雅绮丽、隐晦曲折甚至有些难解的作品。

这样的矛盾背景下，催生了既能以个人化的表达呈现，又能将对现实的关怀一同纳入的咏史诗的发达。诗人旅行或读书至某处，有感而发，看似是感性的，实则将对现实的理性思考融入其中。如杜牧的《过骊山作》，看似是感慨秦二世而亡后秦始皇陵墓被毁，实则是告诫当时的统治者，倘若为政不仁，也会招致同样的下场。

诗人许浑曾经登上长安西北的咸阳城东楼，面对傍晚苍茫的景色，感慨"溪云初起日沉阁，山雨欲来风满楼"（《咸阳城东楼》）。或许，不同身份的他们共同地感受到了帝国的暮色，心有戚戚焉。

本单元选文原文多据中华书局版《全唐诗》及《全唐诗补编》，李商隐诗则据刘学锴、余恕诚编著之《李商隐诗歌集解》（中华书局2004年版）。

选文部分

1.杜 牧

过华清宫①绝句三首（其二）

黄叔灿《唐诗笺注》评"舞破中原始下来"句云："造句惊人，奇绝！痛绝！"杜牧在咏史绝句中擅长摄取那些看似轻巧而承载甚重的细节镜头，去表现历史的张力，乃至自己无穷的感叹。

新丰②绿树起黄埃，数骑渔阳探使回③。

《霓裳》一曲千峰上，舞破中原始下来。

①华清宫：位于骊山脚下，开元十一年置温泉宫，天宝六年改为华清宫。当时玄宗每年十月后便移驾于此。　②新丰：在今陕西省西安市临潼区境内。　③这句诗的意思是：自安禄山处回来的使者（都声称安禄山不会叛乱）。渔阳，在今天津市蓟县，是当时渔阳郡的治所，也是安禄山管辖的区域。

将赴吴兴①登乐游原一绝

杜牧于大中四年（850）自请外放至地方任官，这在历来重京官而轻地方的唐代是不寻常的，从这首诗的尾句中我们可以窥见作者不满当朝政局的态度。登高远眺，追怀往昔盛世，不禁悲从中来。

清时有味是无能，闲爱孤云静爱僧②。

欲把一麾江海去③，乐游原上望昭陵④。

齐安郡⑤中偶题二首（其一）

诗人将自己的感情熔铸到绿荷之中，看似写绿荷之恨，实则物中见我，写的是诗人之恨。

---

①吴兴：即唐代的湖州，吴兴是其古名，其治所在今浙江省湖州市吴兴区。　②这两句诗的意思是：承平时节，安逸便是无能；性本闲静，偏爱孤云与僧。　③这句诗的意思是：我现在要去沿海地区做湖州刺史。麾（huī），旌旗，古人称外任郡守为建麾。　④昭陵：唐太宗的陵墓。　⑤齐安郡：即黄州，齐安郡是其古名，治所在今湖北省黄冈市黄州区。

两竿落日溪桥上^①，半缕轻烟柳影中。

多少绿荷相倚恨，一时回首背西风^②。

泊秦淮

月夜朦胧，酒家欢歌依旧；闻歌感怀，何处寄此忧愁？诗人虽在游乐之中，却保持着对于国家命运的思考与警惕，时时表现出对醉生梦死的晚唐统治者的失望与不满。

烟笼寒水月笼沙，夜泊秦淮近酒家。

商女^③不知亡国恨，隔江犹唱《后庭花》^④。

---

①这句诗的意思是：在溪桥上远眺，夕阳离地面还有两根竹竿的距离。　　②这句诗的意思是：西风乍起，荷叶翻动，仿佛回头避风。　　③商女：指秦淮河上的歌妓。　　④《后庭花》：南朝陈的宫廷舞曲，据说是亡国之君陈叔宝为其谱写过新词，因而常常被认为是亡国之音。

赠别（其二）

此诗弃用"悲""愁"字眼，而着重描写象征时间流逝的蜡烛。蜡烛的烛芯不断燃烧，蜡油不断滴落，与离别之人内心煎熬、痛洒热泪形成双关，从而将缠绵悱恻的别情写得坦率真挚，格外动人。

多情却似总无情，唯觉樽前笑不成。

蜡烛有心还惜别，替人垂泪到天明。

寄扬州韩绰判官①

诗人在扬州风流倜傥，狂放不羁，与他友善之人，想必也是志趣相投，因而本诗颇带调侃，风调悠扬，情趣盎然。

青山隐隐水迢迢②，秋尽江南草木凋。

二十四桥③明月夜，玉人何处教吹箫④？

---

①韩绰判官：生平不详，可能是杜牧在淮南节度使牛僧孺幕下任职时的同僚。判官：唐代节度使、观察使署下掌管文书的官员。　②迢迢：指江水悠长遥远。一作"遥遥"。　③二十四桥：有人认为就是当时扬州一座桥的名字，也有人认为确有二十四座桥，几乎已经成为扬州的代称。　④这句诗的意思是：风流之人，今在何处，教人吹奏箫管？

遣怀①

杜牧在扬州时期，不拘小节，狂放自适，完全是公子哥的形象。十年之后，他在黄州任职期间，也许是后悔当时的年少轻狂，也许对此还有些暗自得意，但无论如何，逝去的岁月终究不可追回。

落魄②江南载酒行，楚腰肠断掌中轻③。

十年一觉④扬州梦，赢得青楼薄幸⑤名。

题宣州开元寺水阁，阁下宛溪，夹溪居人

开成三年（838），杜牧在宣州任团练判官，在开元寺水阁上，俯瞰宛溪，眺望远山，抒发了无穷无尽的历史变迁、世道沧桑之慨。尾联感叹无法得见功成名就、泛舟五湖的范蠡，大有对现实的失望却又无力抗拒、无法摆脱的矛盾。

六朝文物草连空⑥，天淡云闲今古同。

鸟去鸟来山色里，人歌人哭水声中。

深秋帘幕千家雨，落日楼台一笛风⑦。

惆怅无因见范蠡，参差烟树五湖⑧东。

---

①遣怀：抒发内心积压已久的情感。　②落魄：这里是放荡不羁的意思。　③这句诗的意思是：扬州歌伎，苗条轻盈，可爱至极。楚腰，用楚灵王好细腰的典故。肠断，这里指极为可爱。掌中轻，用赵飞燕能为掌中舞的典故。　④觉（jiào）：梦醒。　⑤薄幸：一作"薄倖"，薄情。　⑥六朝：指三国吴、东晋和南朝宋、齐、梁、陈六个都以今江苏省南京市为首都的朝代。文物：这里指历史悠久的建筑。　⑦这两句诗的意思是：深秋阴雨，千家垂落帘幕；夕阳照楼，独立听笛随风。　⑧五湖：这里泛指太湖一带。

2.李商隐

寄令狐郎中①

> 此诗借感谢故人关心之名以修好，意在不言，既有感念旧恩故交之情，亦有感慨身世落寞之意，后两句感伤之意溢于言表。

嵩云秦树久离居②，双鲤③迢迢一纸书。

休问梁园旧宾客，茂陵秋雨病相如④。

柳

> 李商隐很喜欢写柳树，比如"柳映江潭底有情，望中频遣客心惊"（《柳》），"江南江北雪初消，漠漠青黄惹嫩条"（《柳》），"已带黄金缕，仍飞白玉花"（《谑柳》）。也许柳树初春如烟之生机，随风飞舞之婀娜，暮春柳絮之梦幻，都使作者感到美，尽管很多时候带着些许伤感。

曾逐东风拂舞筵，乐游春苑断肠⑤天。

如何肯到清秋日，已带斜阳又带蝉⑥！

---

①令狐郎中：指令狐绹（táo），字子直，他是李商隐恩师令狐楚的儿子，与李商隐也是好友。他在会昌三年任右司郎中，所以这里称呼他为"郎中"。　②这句诗的意思是：我居洛下，君住长安，久未相见。嵩云，嵩山之云，这里代指李商隐当时所居之洛阳。秦树，秦地的树，代指令狐绹所居的长安。　③双鲤：用《古诗十九首》"客从远方来，遗我双鲤鱼。呼儿烹鲤鱼，中有尺素书"之典故。④这两句诗的意思是：梁园昔日宾客，别再问及；秋雨萧瑟，我似相如病居。这两句连用司马相如典故以自比，以司马相如曾作梁孝王门客比自己曾为令狐楚幕僚，以司马相如晚年闲居茂陵比自己当前多病寄居洛下。　⑤断肠：销魂。　⑥这两句诗的意思是：（春日如此美好的柳树）到了清秋时节，怎么会与夕阳、秋蝉一起构成如此萧条之景？

端 居①

首句既是全篇起因，又是全篇旨归。只因羁旅，书信不至，归梦不成，徒增伤感。空床则示孤独，而青苔、红树（有的版本作"红叶"）的色彩明丽，更反衬作者内心的凄凉，结句更添秋雨、秋月，悲意绵长。

远书归梦两悠悠②，只有空床敌素秋③。

阶下青苔与红树，雨中寥落月中愁④。

咏 史

此诗描绘出一幅饱经六朝兴废的湖山图画，蕴含着无尽的人世沧桑之感。

北湖南埭水漫漫⑤，一片降旗百尺竿。

三百年间同晓梦，钟山何处有龙盘⑥？

①端居：闲居。　②这句诗的意思是：远方之信不来，归去之梦不成，两皆渺茫。　③敌：对。素秋：即秋天。　④这句诗的意思是：睹秋雨之漫长，对秋月之孤洁，倍感寂寥惆怅。秋雨、秋月并非同时之景，故此处当作互文来看。　⑤北湖：即玄武湖，这里是南朝训练水军之处，也是帝王游乐之所。南埭（dài）：即鸡鸣埭，埭是建于水面用以拦截水流的设施，鸡鸣埭据说有两处，分别在玄武湖南北，此处可能指南侧一处。　⑥龙盘：此处用诸葛亮称建康"钟山龙蟠，石头虎踞，帝王之宅也"的典故。

木兰花

洞庭、木兰，都是足以令人联想起楚辞的意象，本诗妙在咏木兰而不从其形态入手，却借木兰所制之小舟，抒漂泊自伤之情。难怪唐人以此敷衍出义山之魂魄登舟作此诗的传说来。

洞庭波冷晓侵云[①]，日日征帆送远人。

几度木兰舟上望，不知元是此花身[②]。

花下醉

花是美好的，酒是令人兴奋的，但它们又都是短暂的。恋花与沉醉，混而为一，难以区别，时间于是被虚化地拉长了。醒来之后，怅然若失，再持红烛复对红花，花竟残矣。

寻芳不觉醉流霞[③]，倚树沉眠日已斜。

客散酒醒深夜后，更持红烛赏残花。

晚　晴

此诗描绘雨后晚晴明净清新的境界和生意盎然的景象，表达出诗人欣慰喜悦的感受和明朗乐观的襟怀。

①这句诗的意思是：洞庭清波，凄冷明净，清晨倒映流云。　②这两句诗的意思是：木兰舟上，几度目送人去；我身漂泊，与此木兰同身。　③这句诗的意思是：对酒赏花，酒花辉映，不觉沉醉。

深居俯夹城①，春去夏犹清。

天意怜幽草，人间重晚晴②。

并添高阁迥，微注小窗明③。

越鸟巢干后，归飞体更轻。

北青萝④

作者最著名的作品往往用情甚深，他早年修道的经历似乎很少留下痕迹。这首作品体现了一种与自然融洽的关系，乃至对超脱世俗的渴望，是其作品中较为少见的。当然，在这种诉求的表达之下，可能隐藏着巨大的痛苦或压抑，末句的"爱憎"二字恰流露了这种秘密。

残阳西入崦⑤，茅屋访孤僧。

落叶人何在，寒云路几层⑥？

独敲初夜磬，闲倚一枝藤⑦。

世界微尘里，吾宁爱与憎⑧？

①夹城：这里指桂林城北增筑的瓮城，瓮城早期是城防所需，但据地方志材料，桂林的此处夹城供人居住，且李商隐当时很有可能就住在夹城之上。　　②这两句诗的意思是：久雨初晴，天也怜惜小草；人间喜悦，珍视傍晚晴空。　　③这两句诗的意思是：加之楼阁高远，夕阳柔和照入，屋内顿时明亮。并，更加。　　④北青萝：在今河南省济源县王屋山中，此诗当是作者早年在王屋山支脉玉阳山学道时所作。　　⑤崦（yān）：这里指群山。　　⑥这两句诗的意思是：落叶纷纷，斯人何在？寒云阵阵，山路几层？　　⑦这两句诗的意思是：不见寺僧，先闻初更钟磬；既见山寺，暂倚藤杖赏幽。　　⑧这两句诗的意思是：大千世界，智者碎为微尘；造此幽境，我岂执着爱憎？宁（nìng），副词，岂，难道。

锦 瑟①

这是李商隐最负盛名的作品之一，也是最难索解的一首作品。诗家素有"一篇《锦瑟》解人难"的慨叹。主题的朦胧，似乎更增添了其美感。

锦瑟无端②五十弦，一弦一柱思华年③。

庄生晓梦迷蝴蝶，望帝春心托杜鹃④。

沧海月明珠有泪，蓝田日暖玉生烟⑤。

此情可待成追忆，只是当时已惘然⑥。

无题⑦二首（其一）

由尾联可知本诗为会昌年间作者在京任秘书省正字官时所作，想必是在一次通宵达旦的宴会之上，作者与席间一位女子一见倾心，以至于清晨不得不离开时，遗憾不已，并在次日写下了这首诗来表达自己的追念。虽说语句艳丽，但颔联精致可喜，历来为人传颂。

①锦瑟：装饰华美的瑟。瑟，一种弦乐器，人们多引用《汉书·郊祀志》中关于泰帝让素女演奏五十弦的瑟，因过于伤感而改为二十五弦的传说。但《隋书》中也有"五十弦，大瑟也"的记载。　②无端：无缘无故。　③华年：美好的青春年华。　④这两句诗的意思是：美好往事，追思已然恍惚，仿佛庄生梦蝶；痛楚痴心，只得托于外物，如望帝化杜鹃。　⑤这两句诗的意思是：月夜空明，悲情凝结成珠，思之垂泪；白日天暖，幸福宛如美玉，转眼成烟。蓝田，在今陕西省蓝田县东南，出产美玉。　⑥这两句诗的意思是：平生悲喜，岂待今日追忆？乐声随逝，当时已是迷茫。末句当照应题目"锦瑟"，音乐作为声音，随起随灭，难以捕捉，介乎有无之间，恰如作者对自己"华年"的感受一样虚无缥缈。　⑦无题：诗人不愿或不能标示主题，则以"无题"为题目。

昨夜星辰昨夜风，画楼西畔桂堂东^①。

身无彩凤双飞翼，心有灵犀一点通。

隔座送钩^②春酒暖，分曹^③射覆蜡灯红。

嗟余听鼓应官去，走马兰台类转蓬^④。

无 题

此诗以一"别"字为通篇诗眼，叙写了抒情主人公刻骨铭心的思恋之情，凄怨哀婉，分外动人。颔联被后人认为可以与杜甫的笔法颉颃（xié háng）。从全诗来看，尽管诉别后相思的感情是清楚的，但这位引发作者无限情思之人的身份依然扑朔迷离。

相见时难别亦难，东风无力百花残。

春蚕到死丝方尽，蜡炬成灰泪始干。

晓镜但愁云鬓改，夜吟应觉月光寒^⑤。

蓬山^⑥此去无多路，青鸟殷勤为探看。

---

①画楼：华丽的楼阁。桂堂：桂木所造的殿堂。　②送钩：与下句的"射覆"都是酒席间藏物令人猜测的游戏。　③分曹：分组。　④这两句诗的意思是：鼓声响起，叹我须进官署；奔走兰台，此身犹如飘蓬。鼓，指长安城内五更二点击鼓以示天亮。兰台，代指秘书省，李商隐时任秘书省正字。类，像。　⑤这两句诗的意思是：晨起对镜，惟恐青春不再；夜晚吟诗，当觉月光凄寒。云鬓，女子的秀发。　⑥蓬山：即海中三仙山之一的蓬莱山，这里代指所思之人的住处。下句的"青鸟"是传说中西王母所饲可以传信的鸟，这里代指使者。

马嵬①二首（其二）

诗人以强烈的对比，直指当年的玄宗因耽于享乐，倦于行政，致使国家陷于动荡、人民饱受战乱之苦，颇具锋芒，而所指又不全在玄宗一人身上，可谓意蕴绵长。

海外徒闻更九州，他生未卜此生休②。

空闻虎旅传宵柝，无复鸡人报晓筹③。

此日六军同驻马，当时七夕笑牵牛。

如何四纪④为天子，不及卢家有莫愁⑤？

无题四首（选一）

梦境是人求之不得的反映，而其间种种美好，都如泡影闪电，倏忽而过，只有淡淡轻痕。梦醒之后，朦胧之间，烛光飘忽，香气暗浮，仿佛梦中之人真的来过。于是这就加剧了抒情主人公近在咫尺而求之不得的痛苦和惆怅。

来是空言去绝踪，月斜楼上五更钟⑥。

---

①马嵬（wéi）：即马嵬坡，在今陕西省咸阳市兴平市，安史之乱时杨国忠、杨贵妃在此被哗变士兵逼死。　②这两句诗的意思是：徒然知道海外还有一个九州世界，来生（能否相守）还不知道，只是此生（缘份）已经结束了。更，还，再。　③这两句诗的意思是：（离开皇宫，颠沛流离，）唯有禁军，夜中时时报警；辗转难眠，不须待人报晓。虎旅，指禁卫军。宵柝（tuò），夜间巡逻报警的木梆。鸡人，宫中报时之人。　④四纪：即四十八，玄宗在位四十五年，这里为约指。　⑤莫愁：典出南朝梁武帝《河中之水歌》，莫愁是其中女主人公，这里代指普通人家的女子。　⑥这两句诗的意思是：梦中无声，醒来种种消散；五更钟响，起看楼上月斜。

梦为远别啼难唤，书被催成墨未浓^①。

蜡照半笼金翡翠，麝熏微度绣芙蓉^②。

刘郎已恨蓬山远，更隔蓬山一万重^③！

隋宫二首（其二）

李商隐曾在大中十一年（857）在江南地区做盐铁推官，到过扬州，此诗约写于此时。隋朝速亡，自然足以引起后人警醒。作者将隋炀帝晚岁耽于玩乐、穷奢极欲的所作所为通过典型的几个场景揭露出来，最后以反问结句，语带讽刺，使咏史诗的现实批判力度加深。

紫泉^④宫殿锁烟霞，欲取芜城^⑤作帝家。

玉玺不缘归日角，锦帆应是到天涯^⑥。

于今腐草无萤火，终古垂杨有暮鸦^⑦。

地下若逢陈后主，岂宜重问《后庭花》？

---

①这两句诗的意思是：梦里难唤对方，因为远别；信笺墨色未浓，仓促写就。　②这两句诗的意思是：烛光昏暗，半被灯罩遮蔽；熏香细弱，稍稍透出帐被。笼，遮盖。金翡翠，绘有翡翠鸟的灯罩。麝（shè）熏，麝香的香气。绣芙蓉，绣有芙蓉花的帐帷和被子。　③这两句诗的意思是：蓬山渺远，刘郎苦寻不到；梦中之人，竟隔万重蓬山。刘郎，刘晨，《幽明录》中与阮肇同入天台山遇仙女，后出山，再返回时仙境全无。蓬山，这里代指仙境。　④紫泉：长安宫殿名，这里用以代指长安。　⑤芜城：今江苏省扬州市，因鲍照《芜城赋》写此地，故有此称。　⑥这两句诗的意思是：若非李唐代隋，炀帝的游船恐怕要行到天涯。玉玺，皇帝之印，这里象征政权。日角，额头中部突起，形状如日，相面之人认为这是帝王之相，这里指唐朝皇帝。　⑦这两句的意思是：当年搜尽萤虫，至今难觅踪迹；隋堤杨柳依旧，唯有暮鸦点点。大量捕捉萤火虫供晚间观赏和运河沿岸遍植杨柳都是隋炀帝时的旧事。

3. 许　浑①

谢亭送别

离别令人心碎，不仅仅在于看着对方踏舟远行的背影，更在于酒醒后，夕阳西下，暗自感伤，风雨欲来，寂寞离去。本诗画面感极强，虽无一字提及悲感，但离别之愁韵味悠长。

劳歌②一曲解行舟，红叶青山水急流。

日暮酒醒人已远，满天风雨下西楼。

4. 张　祜③

题金陵渡④

漂泊在外，歇宿渡口，彻夜难眠。月色凄迷，潮起潮落，恰似人生浮沉；星火明灭，在夜尤著，隔岸无限诱惑。渡口对于迷茫的行客来说就是这样充满诱惑与伤感。

金陵津渡小山楼，一宿行人自可愁⑤。

潮落夜江斜月里，两三星火是瓜州⑥。

①许浑：字用晦，润洲（今江苏镇江）人，唐代诗人，著有《丁卯集》。　②劳歌：离别时悲伤的歌曲。　③张祜（hù）：字承吉，清河人。初寓居姑苏，后至长安，但不能得志，一生落拓，终老于丹阳。　④金陵渡：即京口的渡口，在今江苏省镇江市。　⑤这句诗的意思是：行人在此一宿，自有无限愁绪。　⑥这两句诗的意思是：斜月微照，江潮渐渐退去；星火数点，远望知是瓜洲。

5.温庭筠①

商山②早行

作者自长安南行，心情是低落的。本诗扣住一个"早"字，以征铎、鸡声、月、人迹、霜等典型意象来呈现出行之早。至于山路落叶满地，墙边枳花明丽，皆是因早行少人而晦暗所致，又是从侧面衬出"早"字，都是颇具匠心的。而早行又以思乡之情贯注其中，使悲凉之意倍增。

晨起动征铎③，客行悲故乡。

鸡声茅店月，人迹板桥霜④。

槲叶落山路，枳花明驿墙⑤。

因思杜陵⑥梦，凫雁满回塘⑦。

利州⑧南渡

渡口是颇具象征意味的地点，人来人往，携着形形色色的目的，匆匆忙忙地过去过来。人生似乎只为了那些或清晰或模糊的目的而奔波劳苦，以至于终。而暮色笼罩之下，那飞越万顷江田的白鹭，显得那么孤独凄冷，却又是那样特立独行。它仿佛就是那想超越现实而如范蠡一般忘却世事纷争的作者的自况。

---

①温庭筠：字飞卿，太原人。他才华出众，但仕途不利。　②商山：在今陕西省商洛市。　③征铎：车马上悬挂的铃铛。　④这两句诗的意思是：茅店始闻鸡鸣，起见残月；板桥已有行迹，寒霜满天。⑤这两句诗的意思是：初春时节，槲（hú）叶积满山路；天尚未亮，墙边枳（zhǐ）花鲜明。枳花，花为白色。　⑥杜陵：本是长安东南汉宣帝的陵墓，它是长安至商山一路必经之处。　⑦回塘：曲折的江岸。　⑧利州：在今四川省广元市。

澹然空水对斜晖，曲岛苍茫接翠微①。

波上马嘶看棹去，柳边人歇待船归②。

数丛沙草群鸥散，万顷江田一鹭飞。

谁解乘舟寻范蠡，五湖烟水独忘机③。

6.赵　嘏④

长安秋望

久滞长安，岁至深秋，登高远望，愁从中来。作者选取凄清之意尤浓、远望之际极远的清晨，举目四望，自上而下，由视觉、听觉两端，深切感受秋意加诸人身的寒意。尾联用张翰、钟仪典故，使这种凄凉甚至产生了囚禁之感，欲逃离而难。

云物凄清拂曙流，汉家宫阙动高秋⑤。

残星几点雁横塞，长笛一声人倚楼⑥。

紫艳半开篱菊静，红衣落尽渚莲愁⑦。

鲈鱼正美不归去，空戴南冠学楚囚。

①这两句诗的意思是：水映落日，宁静空明；江岛广远，直连青山。　②这两句诗的意思是：江上马鸣，望见船儿离去；人歇柳边，等待渡船回返。　③忘机：忘却机心，与世无争。　④赵嘏（gǔ）：字承祐，山阳人。会昌年间进士。　⑤这两句诗的意思是：深秋拂晓，凄清云气飘流；秋气高远，长安宫阙浮动。　⑥这两句诗的意思是：几点残星，却见大雁南归；一声长笛，思人倚楼静听。　⑦这两句诗的意思是：菊花半开，紫艳而显静穆；荷花落尽，枯叶使人生愁。

7. 马 戴①

灞上②秋居

灞上毗邻京城，却迟迟不能获得进身之阶，作者内心的焦灼不安可想而知。秋日的风雨一过，大雁南归的行列频频掠过，难免思乡，凄清倍增。全诗索寞枯寂，读来使人惆怅。

灞原风雨定，晚见雁行频。

落叶他乡树，寒灯独夜人③。

空园白露滴，孤壁野僧邻④。

寄卧郊扉久，何门致此身⑤？

8. 韦 庄⑥

悼亡姬

香魂飘逝，诗人无限惆怅与悔恨。昔日的欢乐短暂飘忽，自己的薄情已经无法挽回。全诗笼罩在一种忧伤后悔挥之不去的气氛之中。

凤去鸾归不可寻，十洲⑦仙路彩云深。

---

①马戴：字虞臣，会昌年间进士，与贾岛、姚合同时。　②灞上：在长安东灞河西侧的高地上。　③这两句诗的意思是：羁旅他乡，愁见千树叶落；寂寞夜晚，孤灯照人凄寒。　④这两句诗的意思是：小园空寂，唯听寒露滴落；房舍幽僻，尚有野僧相邻。　⑤致此身：典出《论语》"事君能致其身"，代指出仕，这里是哪里有机会获得官职的意思。　⑥韦庄：字端己，长安人，乾宁年间进士。晚唐诗人，由唐入五代前蜀。　⑦十洲：道教传说的海中十座仙山，分别是祖洲、瀛洲、玄洲、炎洲、长洲、元洲、流洲、生洲、凤麟洲、聚窟洲。

若无少女花应老，为有姮娥月易沉①。

竹叶岂能消积恨，丁香空解结同心②。

湘江水阔苍梧远，何处相思弄舜琴？

秦妇吟（节选）

　　唐僖宗中和元年（881），黄巢起义军攻占长安。皇帝已经先行逃往蜀中避难，但不少官员和大量百姓却滞留城中。长安乃至周边区域于是遭到了起义军和前来平叛的唐朝军队的轮番蹂躏，百姓流离失所，或死于非命，或遭受奴役，或逃至深山，或苟且流浪。至于女性，则更加凄惨，或被凌辱，或被掳掠，或被杀害，或被奴役。总之，战争给官民都带来了巨大的灾难。韦庄的这首伟大叙事作品，就是借一位曾身陷长安被黄巢军一位首领霸占，之后逃出长安向东流浪的女子之口，还原了自己对这场劫难的痛苦记忆。该诗跨度极广，将两三年间的事情纳入叙述之中，毫无掩饰曲笔，所写触目惊心，在规模和力度方面已经超越了杜甫的"诗史"作品。也因此，这部作品起初流传甚广，韦庄甚至被称为"《秦妇吟》秀才"。但所揭露的惨相却使公卿颜面扫地，也触犯了某些节度使的忌讳，韦庄于是只能将其从集子中去除，并极力阻止其流传，使一千余年来只留下"内库烧为锦绣灰，天街踏尽公卿骨"两句。直至十九世纪末敦煌文书出土，人们才惊喜地发现其中存有数篇《秦妇吟》的抄本，于是这部巨作重见天日。

长安寂寂今何有？废市荒街麦苗秀③。

采樵斫尽杏园花，修寨诛残御沟柳④。

①这两句诗的意思是：倘若没有少女，花儿也要老去；嫦娥只因寂寞，致使月亮早落。姮娥，即嫦娥。沉，这里是月落的意思。　②这两句诗的意思是：竹叶酒多，怎能消除旧恨？女如丁香，愿结同心，终究徒劳。　③这就是的意思是：（长安城如今）街市荒废，麦苗茂盛。　④这两句诗的意思是：为了取柴，砍光了杏园里的杏花树；为修兵寨，宫城外水渠边的柳树都被伐尽了。杏园，在长安城东南，是唐代新进进士游宴之地。

华轩绣毂①皆销散，甲第朱门无一半。

含元殿②上狐兔行，花萼楼③前荆棘满。

昔时繁盛皆埋没，举目凄凉无故物。

内库烧为锦绣灰，天街踏尽公卿骨④。

来时晓出城东陌⑤，城外风烟如墨色。

路旁时见游奕军⑥，坡下⑦寂无迎送客。

霸陵东望人烟绝，树锁骊山金翠⑧灭。

大道俱成棘子林⑨，行人夜宿墙匡⑩月。

明朝晓至三峰路⑪，百万人家无一户。

破落田园但有蒿，摧残竹树皆无主。

路旁试问金天神⑫，金天无语愁于人。

庙前古柏有残枿⑬，殿上金炉生暗尘。

一从狂寇陷中国，天地晦冥风雨黑。

案前神水咒不成，壁上阴兵驱不得⑭。

闲日徒歆奠飨恩，危时不助神通力⑮。

我今愧恧⑯拙为神，且向山中深避匿。

---

①华轩绣毂（gǔ）：这里指华美的车驾。　②含元殿：长安大明宫的主殿。　③花萼楼：即花萼相辉楼，长安兴庆宫内唐玄宗时期建筑。　④这两句诗的意思是：库房焚毁，珍宝灰飞烟灭；天街狼藉，尽是公卿尸骨。内库，皇室府库。天街，指唐长安城宫城内的主干道。　⑤陌：道路。此句以下都是秦妇离开长安东行途中所见。　⑥游奕军：即"游弋军"，这里指黄巢军的巡逻兵。　⑦坡下：这里指长安城东的灞桥。下句的"灞陵"在长安城东七十里。　⑧金翠：这里指骊山附近唐宫殿华丽的建筑。唐代在骊山下修建了华清宫。　⑨棘子林：这里指军队驻扎处。典出《老子》第三十章："师之所处，荆棘生焉。"　⑩墙匡：屋顶破残后孤立的墙壁。　⑪三峰路：指华山一带，因华山有莲花、玉女、松桧三峰，故称。　⑫金天神：指玄宗所封的华山山神。　⑬枿：同"蘖（niè）"，指树木被砍伐后长出的新枝。　⑭这两句诗的意思是：香案前有神力的水已失去了灵验，墙上的神兵也不再能驱使了。这是西岳山神述说神庙被毁后的情形。　⑮这两句诗的意思是：平日白白享受了世人的供奉之物，到了危难时候却不能有神力佑护世人。　⑯愧恧（nǜ）：惭愧。

寰中①箫管不曾闻，筵上牺牲②无处觅。

旋教魇鬼③傍乡村，诛剥④生灵过朝夕。

妾闻此语愁更愁，天遣时灾非自由⑤。

神在山中犹避难，何须责望东诸侯⑥！

············

明朝又过新安⑦东，路上乞浆逢一翁。

苍苍面带苔藓色，隐隐身藏蓬荻中。

问翁本是何乡曲⑧？底事⑨寒天霜露宿？

老翁暂起欲陈辞，却坐支颐仰天哭⑩。

乡园本贯东畿县⑪，岁岁耕桑临近甸⑫。

岁种良田二百廛⑬，年输户税三千万⑭。

小姑惯织褐绁⑮袍，中妇能炊红黍饭。

千间仓兮万丝箱⑯，黄巢过后犹残半。

自从洛下屯师旅⑰，日夜巡兵入村坞。

匣中秋水拔青蛇，旗上高风吹白虎⑱。

---

①寰（huán）中：这里指京城附近，即京畿地区。　②牺牲：猪、牛、羊一类的祭祀物品。　③魇（yǎn）鬼：一种趁睡梦间袭击人使其不能活动的鬼怪，这里指那些横行霸道的军队。有的版本作"魔鬼"，也通。　④诛剥：这里是残害的意思。　⑤这句诗的意思是：这是上天降下的灾难，由不得个人。自由，即"由自"，反身代词的宾语前置。　⑥责望：责备怨恨。东诸侯：指淮南节度使高骈。但实际上，高骈对黄巢军多次胜利后，想私下媾和，加之贪功，拒绝其它军队增援，导致兵败，使黄巢军队得以渡江并最终攻入长安。　⑦新安：在今河南省洛阳市新安县。　⑧乡曲：故乡。　⑨底事：为何事。⑩却坐：退回坐下。支颐（yí）：用手托着下巴。　⑪东畿（jī）县：指隶属东都京畿地区的县，即前述的新安县。　⑫甸（diàn）：指东都附近的田地。　⑬廛（chán）：《说文》："二亩半也，一家之居。"这里说二百廛当是虚指。　⑭户税：按户征收的税款。三千万：罗振玉认为三千万数额过大，当为"三十万"。但根据研究，这一时期的户税额每户每年不会低于两千文，则诗中所说约合一万五千户，并不反常，故此处仍依原文。　⑮褐绁（shī）：粗绸。　⑯这句诗的意思是：有许多贮存粮食的仓房。典出《诗经·小雅·甫田》："乃求千斯仓，乃求万斯箱。"丝，当作"斯"。　⑰洛下：洛阳。屯师旅：指武宁节度使时溥所率的西征军。　⑱这两句诗的意思是：匣中宝剑，其色如秋水，拔出似青蛇；高风吹动，军旗招展，上绣白虎。

入门下马若旋风，罄①室倾囊如卷土。

家财既尽骨肉离，今日垂年②一身苦。

一身苦兮何足嗟，山中更有千万家。

朝饥山上寻蓬子③，夜宿霜中卧荻花！

妾闻此父伤心语，竟日阑干④泪如雨。

出门惟见乱枭鸣，更欲东奔何处所？

9.司空图⑤

秋 思

司空图自述此诗得于"寂寥"，而其着力描摹深秋孤客的敏感、不安、恐惧和孤独。这种秋所引起的感觉，较之前人更加强烈，使人气结。

身病时亦危，逢秋多恸哭。

风波一摇荡，天地几翻覆。

孤萤出荒池，落叶穿破屋。

势利长草草，何人访幽独⑥。

---

①罄（qìng）：全部。　②垂年：指垂老之年。　③蓬子：一种野菜，也可入药。　④阑干：叠韵连绵词，这里指涕泗横流的样子。　⑤司空图：字表圣，号知非子、耐辱居士，泗州人。咸通年间进士。　⑥这两句诗的意思是：权贵之人，往往匆匆奔走；幽居如我，又有何人来访？

10. 皮日休①

汴河怀古二首（其二）

此诗立意新奇，诗人从历史的视角来评判隋炀帝的是非功过，可谓怀古佳作。

尽道隋亡为此河，至今千里赖通波。

若无水殿龙舟②事，共禹论功不较多③。

橡媪叹

老妇人辛苦捡拾、加工橡实，让人觉得或许是遭逢荒年。但没想到却是个丰收之季，米粒精致喜人。这种反常的对比就引起了人们进一步的疑惑和质疑，作者纯用白描，看似不动神色，实则悲愤交加。

秋深橡子熟，散落榛芜冈④。

伛伛⑤黄发媪，拾之践晨霜。

移时始盈掬，尽日方满筐。

几曝复几蒸，用作三冬粮。

山前有熟稻，紫穗袭人香。

---

①皮日休：字袭美，竞陵人，号鹿门子，晚唐诗人。　②水殿龙舟：这里指隋炀帝在扬州乘龙舟赏景之事。　③这句诗的意思是：（隋炀帝修建大运河的功业）可以和大禹治水的功劳相提并论。　④这两句诗的意思是：深秋时节，橡子熟透，散落在杂草丛生的山冈上。橡子，橡树的果实，是一种坚果，内含淀粉，故荒年可果腹。榛（zhēn）芜，草木丛生。　⑤伛伛（yǔ yǔ）：一本作"伛偻（lǚ）"，驼背的。

细获又精舂①，粒粒如玉珰。

持之纳于官，私室无仓箱。

如何一石余，只作五斗量？

狡吏不畏刑，贪官不避赃。

农时作私债，农毕归官仓②。

自冬及于春，橡实诳饥肠③。

吾闻田成子④，诈仁犹自王。

吁嗟逢橡媪，不觉泪沾裳。

11.聂夷中⑤

咏田家

这是一首反映民生疾苦的诗，此诗问世后，深受唐末统治者重视。据《资治通鉴》卷载，宰相冯道向后唐皇帝李嗣源述说农民痛苦之时，就在朝堂上诵读了这首诗。

二月卖新丝，五月粜⑥新谷。

医得眼前疮，剜却心头肉。

我愿君王心，化作光明烛。

不照绮罗筵，只照逃亡屋。

---

①精舂（chōng）：指稻谷脱壳时多加打磨以使米粒更白更有光泽。　②这两句诗的意思是：官府在农闲时候把官粮私自出借收取利息，农事结束后又把收回的粮食还到官仓去（利息便截留占据了）。　③这两句诗的意思是：从冬天到春天农闲的时候，只能用橡实欺骗自己饥饿的肚子。诳（kuáng），欺骗。　④田成子：即田常，春秋时期齐简公国相，他以大斗出借粮食，而以小斗收取，以此获得民心，以至于他后来杀害齐简公，后代夺取齐国君位。　⑤聂夷中：字坦之，咸通十二年（871）进士，做过华阴县尉。　⑥粜（tiào）：出售（粮食）。

12.杜荀鹤①

再经胡城县②

此诗讽刺封建统治者残民以逞的本性，揭露封建社会制度的黑暗腐朽，从中也可窥见黎民百姓的痛苦和愤懑之情。

去岁曾经此县城，县民无口不冤声。

今来县宰加朱绂③，便是生灵血染成。

春宫怨

前四句，是抒情主人公临镜自叹，容貌虽好，却不能得到君王欢心，抱怨中带着绝望。第三联转为对春光的描摹，色彩陡然亮丽起来，只是形成反衬，主人公的内心想必更加沉重。由此向更远的时空遁去，旧日未入宫时夏日荷塘嬉戏的场景在记忆中浮现出来，让哀怨朦胧迷离，久久不失。

早被婵娟④误，欲妆临镜慵⑤。

承恩不在貌，教妾若为容⑥？

风暖鸟声碎，日高花影重⑦。

年年越溪女，相忆采芙蓉。

---

①杜荀鹤：字彦之，号九华山人，池州人。晚唐诗人，后来入五代梁做翰林学士，仅五天就去世了。　②胡城县：约在今安徽省阜阳西北，也有人认为这是作者虚构的地名。　③县宰：县令。朱绂（fú）：这里代指红色官服，唐代五品官员穿浅红色，四品官员穿深红色。　④婵娟：美貌。　⑤慵：慵懒，这里指迟疑而停下。　⑥这两句诗的意思是：被皇帝宠爱既然不看容貌，那么令我怎么能再去修饰容颜呢？若为，怎能。　⑦这两句诗的意思是：春风熏暖，鸟鸣轻柔细密；阳光明媚，繁花朵朵成荫。

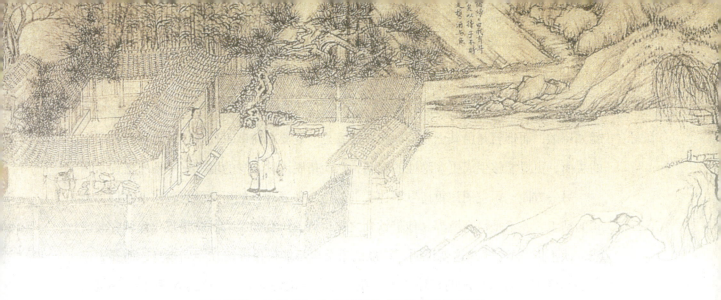

文史知识

象外之致

　　诗歌艺术的发展由来已久，《诗经》《楚辞》、汉乐府，尽管源流不同，但从后世看来都可以归入诗歌的范畴。但人们真正开始思考诗歌创作的艺术技巧及规律，还是在五言诗大量出现并流行之后。南朝梁刘勰所著《文心雕龙》中就有《辨骚》《明诗》和《乐府》三篇，之后锺嵘的《诗品》更是将关注点集中于五言诗上。诗歌艺术到底应该追求怎样的境界，是这些著作的核心论题。其中，锺嵘在《诗品序》中对《诗经》六义之一"兴"的重新定义意义非凡："文已尽而意有余，兴也。"其中已经隐含了超越诗歌语言和诗歌形象本身，通过激发读者的联想与想象，进而达到新的审美境地的倾向。

　　进入南朝之后，大量自然风物进入诗歌并成为其必不可少的一部分。《文心雕龙·明诗》中说："（宋初）庄老告退，而山水方滋；俪采百字之偶，争价一句之奇，情必极貌以写物，辞必穷力而追新。"这说明，原先"诗言志"的传统已经不能满足诗歌艺术的发展，人们必须重新思考外在物象的刺激、诗歌语言的形式、创作者的感情及读者体验四者之间的关系。唐代大量诗歌创作为此提供了坚实的实践基础，因此在晚唐，诗人司空图提出了追求"象外之致"的诗歌理论。

　　司空图在《与极浦书》中写道："戴容州云：'诗家之景，如蓝田日暖，良玉生烟，可望而不可置于眉睫之前也。'象外之象，景外之景，岂容易可谭哉？"戴容州即中唐诗人戴叔伦，他的这番话被司空图引为同道，正在于他以形象的比喻指出了诗歌艺术应该追求的境界，即达到对诗歌语言及形象本身的超越，从而引起读者对更广远、更普遍之境界的联想。这正如良玉晶莹璀璨，其上似乎总笼罩着一层烟气。这里的玉就如诗歌，而烟就是由其引发的联想。换言之，它要求诗歌不仅要使读者读到它显性的层面，更要能够生成更多隐性的空间，从而拓展诗歌本身的境界——象外之致。

另一方面，司空图注重诗歌整体美的塑造，他发现，如果诗歌仅仅停留在局部语句的精工，并不是最高境界。他借饮食之味论诗，声称如果一种味道仅仅停留在酸或咸，谈不上"醇美"。这就说明，诗歌的审美也不能仅仅停留在字句本身，而要去追求字句叠加组合后形成的整体之美。在《与李生论诗书》中，他这样表述："诗贯六义，则讽喻、抑扬、停蓄、温雅，皆在其间矣。然直致所得，以格自奇。"诗歌技艺包容各种不同的风格，应该做到随意运用。这说明，司空图对诗人人格的全体性也非常重视，他进一步举例："王右丞、韦苏州澄澹精致，格在其中，岂妨于遒举哉？贾浪仙诚有警句，视其全篇，意思殊馁，大抵附于蹇涩，方可致才，亦为体之不备也。"王维、韦应物虽然多写淡泊清雅的作品，但并不妨碍他们写出遒劲飘逸的诗篇来；反观贾岛，才力偏至，只能通过生造枯涩生硬的句子来掩盖这种窘迫，因而司空图说他往往有佳句却少佳篇。他进而提出："近而不浮，远而不尽，然后可以言韵外之致也。"也就是说，诗歌形象不能浮泛，而超越形象达成的韵味也须悠远不尽。

事实上，这种审美追求与禅宗的不即不离、不拘行迹和重视整体的内涵是相契合的，也与文人画平淡天真、疏旷幽远的审美习惯相符，因此成为中国诗歌传统的重要组成部分。

思考与练习

一、名句默写

1.默写下列杜牧诗歌中名句（不限于本单元选文）。

多情却是总无情，＿＿＿＿＿＿＿＿。

霓裳一曲千峰上，＿＿＿＿＿＿＿＿。

＿＿＿＿＿＿＿＿，山村水郭酒旗风。

鸟去鸟来山色里，＿＿＿＿＿＿＿＿。

停车坐爱枫林晚，＿＿＿＿＿＿＿＿。

2.默写下列李商隐诗歌中名句。

身无彩凤双飞翼，＿＿＿＿＿＿＿＿。

＿＿＿＿＿＿＿＿，蜡炬成灰泪始干。

天意怜幽草，＿＿＿＿＿＿＿＿。

夕阳无限好，＿＿＿＿＿＿＿＿。

何当共剪西窗烛，＿＿＿＿＿＿＿＿。

二、阅读下列两首诗歌，完成第1—3题。

［甲］题乌江亭

胜败兵家事不期，包羞忍耻是男儿。

江东子弟多才俊，卷土重来未可知。

［乙］叠题乌江亭

百战疲劳壮士哀，中原一败势难回。

江东子弟今虽在，肯为君王卷土来？

1.两首诗题材相同，都是＿＿＿＿＿＿诗；体裁也相同，都是＿＿＿＿＿＿诗。

2.两首诗的观点迥然不同：甲诗作者认为＿＿＿＿＿＿＿＿＿＿，而乙诗作者则强调＿＿＿＿＿＿＿＿＿＿。

3.上面两首诗中，一首是王安石创作的，一首是杜牧创作的。请你作出判断：两首诗的作者分别是哪一位？要求简明阐述理由。

三、探究与阐释

嫦　娥

李商隐

云母屏风烛影深，长河渐落晓星沉。

嫦娥应悔偷灵药，碧海青天夜夜心。

　　就内容而论，对李商隐的《嫦娥》一诗，各家看法不一：有人以为是直接歌咏主人公处境孤寂；有人以为歌咏意中人的私奔；有人以为是歌咏女子学道求仙；有人以为是借咏嫦娥另外有所寄托；有人以为应当作"无题"来看。

　　你同意上述哪种看法？试阐述理由。若都不同意，亦可自行探究并阐述之。

第五单元

时代的另类折射

——唐传奇

单元导读

  唐代文坛，诗情沛然，群星璀璨。但是，构成唐代文学整体曼妙风景的，除了"唐诗"，还有一种不能被忽略的新兴的文学样式，这就是"唐传奇"，它是中国古代小说走向成熟的标志。

  "唐传奇"，简而言之，就是在唐代逐渐发展、成熟起来的一种记奇人、述奇事的文言短篇小说。在承继关系上，它与之前的志怪小说和史传文学颇有渊源。

  唐人喜欢追求奇异瑰丽的情节，也勇于在人生观念、价值理念、言论尺度等各方面突破传统。因此，唐传奇比起六朝志怪来，具有主动追求虚构和奇幻的倾向。如沈既济《任氏传》中的"狐精"，作者不但对其言行及情感均赋予充分的人性特质，更在其中展现了此前作品没有或不敢企及的男女感情与关系①。

  唐传奇涉及内容也更为丰富，其中被后世认为价值最高的是男女感情题材。蒋防的《霍小玉传》和元稹的《莺莺传》即是其中的名篇。在士族婚姻制度的背景下，前者写的是风尘女子霍小玉的血泪控诉，后者写的是寒门闺秀崔莺莺的爱情悲剧。而白行简的《李娃传》，叙写沦落风尘的李娃，最终帮助落难的世家弟子成就功名，则是以喜剧收场的。其它题材类别的作品还有：讽世类，如沈既济的《枕中记》、李公佐的《南柯太守传》等，对汲汲于功名利禄的生活方式进行了深刻的反思，对过度追求所谓成功提出了批评和规劝，可以视为士人自我安慰与警戒的别样形式；历史政治类，如陈鸿的《长恨歌传》《东城父老传》等，多隐射当代政治生活，其中不少内容

---

① 参看章培恒、骆玉明《中国文学史新著（中卷）》，复旦大学出版社，2007年，第115—116页。

在唐代历史中都能找到影子；豪侠类，如杜光庭的《虬髯客传》、李公佐的《谢小娥传》等，在使人读来酣畅淋漓之际，也反映了时代缺失的价值精神和现实中失落的梦想。

唐传奇的创作取得了较高的艺术成就。首先，作者有意识地虚构故事，极富想象力，情节复杂，波澜曲折，且作品结构严谨，线索清晰。其次，作者具有构造立体化人物形象的意识和能力，善于运用细腻的笔触，通过丰富的生活细节以及人物的动作、神态、心理等方面来展开描写，使塑造的人物形象栩栩如生，跃然纸上。第三，语言形式上，或散韵相间、雅俗交融；或精炼准确、文辞雅洁；或比譬形象、鲜明生动。这一方面因为唐人习惯写华丽的骈文，另一方面也与进士科考试前向考官或权要进献平时的文辞作品的"行卷"风气有关。

唐代的传奇小说以其成熟而高超的艺术成就，对后世的文学创作产生了颇为深远的影响。唐代传奇的题材，也屡为宋元明清的戏曲、小说及说唱文学所取用，如元稹《莺莺传》中所写崔莺莺与张生的爱情悲剧故事，后经王实甫加工改造成元杂剧《西厢记》，成为家喻户晓的旷世名作。

本单元选文原文据张友鹤选注《唐宋传奇选》（人民文学出版社1979年版）。

选文部分

离魂记

陈玄祐①

看似荒诞不经的小说，却包含着真实。青梅竹马，因为官场利益而被拆散，正是当时许多政治婚姻的体现；不忍离别，以至于魂魄离体，与心上人远走他乡，也是用情至深、矢志不渝的爱情盟誓；久而思亲，又不远千里省亲，则是孝道与人性的自然；得偿所愿，于是二身合一，福泽后人，又是回归正常社会秩序的报偿。

　　天授②三年，清河③张镒，因官家于衡州④。性简静，寡知友。无子，有女二人。其长早亡；幼女倩娘，端妍⑤绝伦。镒外甥太原王宙，幼聪悟，美容范⑥。镒常器重，每曰："他时当以倩娘妻之。"后各长成。宙与倩娘常私感想于寤寐⑦，家人莫知其状。后有宾寮

①陈玄祐：唐代宗时人。元代郑德辉据此创作了《迷青琐倩女离魂》杂剧。　②天授：唐武后则天皇帝的年号（690—692）。　③清河：在今河北省邢台市。　④衡州：在今湖南省衡阳市。　⑤端妍：容貌端庄美丽。　⑥容范：容貌风度。　⑦这句话的意思是：常常私下里在睡梦中都彼此想念着。

之选者①求之，镒许焉。女闻而郁抑，宙亦深恚恨②。托以当调，请赴京，止之不可，遂厚遣之③。宙阴④恨悲恸，决别上船。日暮，至山郭数里。夜方半，宙不寐，忽闻岸上有一人行声甚速，须臾至船。问之，乃倩娘徒行跣足⑤而至。宙惊喜发狂，执手问其从来。泣曰："君厚意如此，寝梦相感。今将夺⑥我此志，又知君深情不易，思将杀身奉报，是以亡命来奔。"宙非意所望，欣跃特甚⑦。遂匿倩娘于船，连夜遁去。倍道兼行⑧，数月至蜀。凡五年，生两子，与镒绝信。其妻常思父母，涕泣言曰："吾曩日不能相负，弃大义而来奔君。向今五年，恩慈间阻⑨。覆载之下，胡颜独存也⑩？"宙哀之，曰："将归，无苦。"遂俱归衡州。既至，宙独身先至镒家，首谢⑪其事。镒曰："倩娘病在闺中数年，何其诡说⑫也！"宙曰："见在舟中！"镒大惊，促⑬使人验之。果见倩娘在船中，颜色怡畅，讯使者曰："大人安否？"家人异之，疾走报镒。室中女闻，喜而起，饰妆更衣，笑而不语，出与相迎，翕然⑭而合为一体，其衣裳皆重。其家以事不正，秘之。惟亲戚间有潜知之者。后四十年间，夫妻皆丧。二男并孝廉擢第，至丞、尉⑮。玄祐少常闻此说，而多异同，或谓其虚。大历末，遇莱芜县令张仲规，因备述其本末。镒则仲规堂叔祖，而说极备悉，故记之。

①宾僚之选者：幕僚里将赴吏部选官的人。僚，同"僚"，幕僚。之，到，往。　②恚（huì）恨：怨恨。③这几句话的意思是：（王宙）借口要调任官职，要去京城，大家劝说他也不答应，于是为他准备了丰厚的行装送行。　④阴：私下，暗地里。　⑤跣（xiǎn）足：光着脚，没穿鞋子。　⑥夺：强行改变。⑦这两句话的意思是：这是王宙没有料到的事情，特别欣喜欢跃。　⑧倍道兼行：加倍赶路，日夜兼程。　⑨恩慈间（jiàn）阻：和父母分隔两地。恩慈，指父母。　⑩这两句话的意思是：这让我在天地之间，还有什么颜面活着？覆载，这里指天地之间。　⑪谢：为……道歉。　⑫诡说：虚妄荒诞。⑬促：急忙。　⑭翕（xī）然：很快的样子。　⑮这两句话的意思是：两个儿子都被举荐参加科考及第，官至县丞、县尉。

王　维

薛用弱[1]

唐代科举讲究推荐，即使才艺绝伦如王维，也不能免俗。小说之中，更是把王维写得近乎弄臣，以至于穿着"锦绣衣服"觐见公主，博其赏识，也未免太可怜了些。而他的一生，或因才艺得罪，或因才艺得脱，也确实是颇具传奇色彩。

王维右丞，年未弱冠，文章得名。性娴[2]音律，妙能琵琶，游历诸贵之间，尤为岐王[3]之所眷重。时进士张九皋，声称籍甚[4]。客有出入于公主[5]之门者，为其致公主邑司牒京兆试官，令以九皋为解头[6]。维方将应举，具其事言于岐王，仍求庇借[7]。岐王曰："贵主之强，不可力争，吾为子画[8]焉。子之旧诗清越[9]者，可录十篇；琵琶之新声怨切[10]者，可度一曲。后五日当诣此。"维即依命，如期而至。岐王谓曰："子以文士，请谒贵主，何门[11]可见哉？子能如[12]吾之教乎？"维曰："谨奉命。"岐王则出锦绣衣服，鲜华奇异，遣维衣之；仍令赍[13]琵琶，同至公主之第。岐王入曰："承贵主出内[14]，故携酒乐奉讌[15]。"即令张筵。诸伶旅进[16]。维妙年洁白，风姿都美[17]，立于前行。公主顾之，谓岐王曰："斯何人哉？"答曰：

---

①薛用弱：字中胜，河东人，大约生活于唐穆宗、唐敬宗时期。　②娴：熟悉。　③岐王：李范，唐玄宗之弟。　④声称籍甚：名声很大，赞誉很多。　⑤公主：当指唐玄宗之妹玉真公主。　⑥这几句话的意思是：（有人）为张九皋找到负责公主事务的官员处，请他以公主的名义致信京兆府的考试官，让他把张九皋推荐为解头。邑司，唐代负责公主事务的官员。解（jiè）头，即解元，唐代由州郡保举士人到京城里应考，其中第一名称为"解头"。由于京兆府处于京畿地区，地位突出，其推荐的人进士及第的可能性极高。　⑦庇借：这里指得到岐王的帮助。　⑧画：策划、筹划。　⑨清越：这里是出众脱俗的意思。　⑩怨切：感伤。　⑪何门：有什么门路。　⑫如：按照。　⑬赍（jī）：怀抱着，带着。　⑭出内：这里指由皇宫里出来。　⑮讌（yàn）：同"宴"字，酒宴。　⑯旅进：整齐而有次序地一同进入。旅，共同。　⑰都（dōu）美：风流美貌。

"知音者也。"即令独奏新曲，声调哀切，满座动容。公主自询曰："此曲何名？"维起曰："号《郁轮袍》。"公主大奇之。岐王曰："此生非止音律，至于词学，无出其右①。"公主尤异之，则曰："子有所为文乎？"维即出献怀中诗卷。公主览读，惊骇曰："皆我素所诵习者。常谓古人佳作，乃子之为乎？"因令更衣，升之客右。维风流蕴藉②，语言谐戏，大为诸贵之所钦瞩。岐王因曰："若使京兆今年得此生为解头，诚为国华③矣。"公主乃曰："何不遣其应举？"岐王曰："此生不得首荐，义不就试，然已承贵主论托张九皋矣④。"公主笑曰："何预儿事⑤，本为他人所托。"顾谓维曰："子诚取解，当为子力⑥。"维起谦谢。公主则召试官至第，遣宫婢传教。维遂作解头而一举登第矣。及为太乐丞⑦，为伶人舞《黄师子》，坐⑧出官。——《黄师子》者，非一人⑨不舞也。天宝末，禄山⑩初陷西京，维及郑虔、张通等皆处贼庭⑪。泊⑫克复，俱囚于宣阳里杨国忠旧宅。崔圆⑬因召于私第，令画数壁。当时皆以圆勋贵无二，望其救解，故运思精巧，颇绝其艺。后由此事，皆从宽典；至于贬黜，亦获善地⑭。今崇义里窦丞相易直⑮私第，即圆旧宅也，画尚在焉。维累为给事中，禄山授以伪官。及贼平，兄缙⑯为北都副留守，请以己官爵赎之，由是免死。累为尚书右丞。于蓝田置别业，留心释典⑰焉。

---

①无出其右：没有比他更好的了。　②蕴藉：儒雅含蓄。　③国华：国家的人才。　④这几句话的意思是：此人得不到第一位推荐，坚决不参加考试，但是公主您已经接受他人的请托，推荐张九皋了。　⑤何预儿事：和我有什么相干。　⑥当为子力：一定给你尽力想办法。　⑦太乐丞：太常寺下太乐署官职，负责礼乐方面事务。　⑧坐：因……获罪。　⑨一人：指皇帝。　⑩禄山：即安禄山。　⑪贼庭：这里指安禄山建立的伪朝。　⑫泊（jì）：到，及。　⑬崔圆：字有裕，清河人，他是安史之乱结束后较有地位的大臣。　⑭这几句话的意思是：后来因为这件事，这些人都被从宽处理；那些被贬远放的人，也得到较好的地方。　⑮窦丞相易直：即窦易直，字宗玄，京兆人，长庆四年（824）出任宰相。　⑯兄缙：指王维之弟王缙，字夏卿。这里称"兄"当是误指。　⑰留心释典：指虔信佛教。

聂隐娘

裴　铏①

刺客是特殊政治环境下的产物，中唐以后，帝国中央逐渐对藩镇失去了控制，局势紧张之时，无论是中央与地方还是地方之间，为了政治利益，都会派出刺客行刺对方要害人物。就在本篇中提及的元和八年（815），宰相武元衡在早朝途中被平卢节度使李师道派来的刺客当街刺死，震动朝野。这篇小说的写作与此不无关系。安史之乱后，河北藩镇几乎处于半独立状态，聂隐娘叛离魏博节度使，转投曾抵抗过藩镇扩张的刘昌裔，恰是作者反对藩镇割据、期待中央恢复权威的一种曲折表现。只是这种梦想只能在神奇的剑侠世界里酣畅淋漓，却不能改变残酷的现实。

聂隐娘者，贞元中魏博大将聂锋之女也②。年方十岁，有尼乞食于锋舍，见隐娘，悦之，云："问押衙③乞取此女教。"锋大怒，叱尼。尼曰："任押衙铁柜中盛，亦须偷去矣。"及夜，果失隐娘所向。锋大惊骇，令人搜寻，曾无影响④。父母每思之，相对涕泣而已。后五年，尼送隐娘归，告锋曰："教已成矣，子却领取。"尼欻⑤亦不见。一家悲喜，问其所学。曰："初但读经念咒，余无他也。"锋不信，恳诘⑥。隐娘曰："真说又恐不信，如何？"锋曰："但真说之。"曰："隐娘初被尼挈⑦，不知行几里。及明，至大石穴之嵌空⑧，数十步寂无居人。猿狖⑨极多，松萝益邃。已有二

---

①裴铏（xíng）：唐僖宗时期人，著有《传奇》三卷，但作品多有散失。　②贞元：唐德宗年号（785—805）。魏博：指魏州、博州等六州，是唐末河北重要的藩镇。　③押衙：当作"押牙"，是军中管理仪仗的官吏。　④曾无影响：一点消息也没有。　⑤欻（xū）：很快。　⑥恳诘：言辞恳切地追问。　⑦挈（qiè）：带走。　⑧这句话的意思是：天明时分来到一处凹陷下去的大石穴。　⑨狖（yòu）：一种野猴。

女，亦各十岁。皆聪明婉丽，不食，能于峭壁上飞走，若捷猱^①登木，无有蹶^②失。尼与我药一粒，兼令长执宝剑一口，长二尺许，锋利吹毛^③，令劐逐^④二女攀缘，渐觉身轻如风。一年后，刺猿狖百无一失；后刺虎豹，皆决其首而归。三年后能飞，使刺鹰隼，无不中。剑之刃渐减五寸，飞禽遇之，不知其来也。至四年，留二女守穴。挈我于都市，不知何处也。指其人者，一一数其过，曰：'为我刺其首来，无使知觉。定其胆，若飞鸟之容易也^⑤。'受以羊角匕首，刀广三寸，遂白日刺其人于都市，人莫能见。以首入囊，返主人舍，以药化之为水。五年，又曰：'某大僚^⑥有罪，无故害人若干，夜可入其室，决其首来。'又携匕首入室，度^⑦其门隙无有障碍，伏之梁上。至瞑，持得其首而归。尼大怒曰：'何太晚如是？'某云：'见前人戏弄一儿，可爱，未忍便下手。'尼叱曰：'已后遇此辈，先断其所爱，然后决之。'某拜谢。尼曰：'吾为汝开脑后，藏匕首而无所伤。用即抽之。'曰：'汝术已成，可归家。'遂送还，云：'后二十年，方可一见。'"锋闻语甚惧。后遇夜即失踪，及明而返。锋已不敢诘之，因兹亦不甚怜爱。忽值磨镜^⑧少年及门，女曰："此人可与我为夫。"白父，父不敢不从，遂嫁之。其夫但能淬镜^⑨，余无他能。父乃给衣食甚丰。外室而居。

数年后，父卒。魏帅稍知其异，遂以金帛署^⑩为左右吏。如此

---

①猱（náo）：猕猴。　②蹶（jué）：跌倒。　③吹毛：吹毛可断，这里是说极为锋利。　④劐（zhuān）逐：专门跟着。劐，同"专"，专门。　⑤这句话的意思是：大胆一些，你就会像刺杀飞鸟一样容易。　⑥大僚：大官。　⑦度：这里是穿过的意思。　⑧磨镜：磨治铜镜。古时用铜镜，须常将铜镜磨光才能使用。　⑨淬（cuì）镜：将铜镜烧红，在水里浸后马上取出，方便磨治。　⑩署：这里是担任的意思。

又数年。至元和间，魏帅与陈许节度使刘昌裔不协①，使隐娘贼②其首。隐娘辞③帅之许。刘能神算，已知其来。召衙将④，令来日早至城北候一丈夫、一女子各跨白黑卫⑤至门，遇有鹊前噪，丈夫以弓弹之不中，妻夺夫弹，一丸而毙鹊者，揖之云：吾欲相见，故远相祗迎⑥也。衙将受约束⑦，遇之。隐娘夫妻曰："刘仆射果神人。不然者，何以洞⑧吾也。愿见刘公。"刘劳⑨之，隐娘夫妻拜曰："合负仆射万死⑩。"刘曰："不然，各亲其主，人之常事。魏今与许何异⑪？愿请留此，勿相疑也。"隐娘谢曰："仆射左右无人，愿舍彼而就此，服公神明也。"知魏帅不及刘。刘问其所须。曰："每日只要钱二百文足矣。"乃依所请。忽不见二卫所之。刘使人寻之，不知所向。后潜收布囊中，见二纸卫，一黑一白。后月余，白刘曰："彼未知住⑫，必使人继至。今宵请剪发，系之以红绡，送于魏帅枕前，以表不回。"刘听之，至四更，却返曰："送其信了。后夜必使精精儿来杀某及贼仆射之首。此时亦万计杀之。乞不忧耳。"刘豁达大度，亦无畏色。是夜明烛，半宵之后，果有二幡子，一红一白，飘飘然如相击于床四隅。良久，见一人望空而踣⑬，身首异处。隐娘亦出曰："精精儿已毙。"拽出于堂之下，以药化为水，毛发不存矣。隐娘曰："后夜当使妙手空空儿继至。空空儿之神术，人莫能窥其用，鬼莫得蹑其踪。能从空虚而入冥，善无形而灭影，

---

①这句话的意思是：魏帅与陈许节度使刘昌裔关系不和。陈许，即陈州和许州，治所分别是今河南省淮阳县和许昌市。刘昌裔，字光后，太原阳曲人，陈许军节度使，他出任过检校尚书左仆射，因此下文称他为"刘仆射"。他对抑制节度使吴少诚的叛乱和扩张有功，因此这里将其塑造为一个正面人物。　②贼：这里作动词使用，杀害。　③辞：推却不受。　④衙将：唐代军府中的武官。　⑤卫：这里指驴。　⑥祗（zhī）迎：敬迎。祗，恭敬。　⑦受约束：这里指接到命令。　⑧洞：洞悉，明白。　⑨劳：慰劳。　⑩这句话的意思是：（我们）该当万死之罪。这是向刘致歉的话。　⑪这句话的意思是：现在的魏州和许州有什么不同呢？　⑫住：住手，罢休。　⑬望空而踣（bó）：朝天倒下死去。

隐娘之艺，故不能造其境。此即系^①仆射之福耳。但以于阗玉周其颈^②，拥以衾，隐娘当化为蠛蠓^③，潜入仆射肠中听伺，其余无逃避处。"刘如言。至三更，瞑目未熟。果闻项上铿然，声甚厉。隐娘自刘口中跃出，贺曰："仆射无患矣。此人如俊鹘^④，一搏不中，即翩然远逝，耻其不中，才未逾一更，已千里矣。"后视其玉，果有匕首划处，痕逾数分。自此刘转厚礼之^⑤。

自元和八年，刘自许入觐，隐娘不愿从焉^⑥，云："自此寻山水访至人^⑦。"但乞一虚给^⑧与其夫。刘如约，后渐不知所之。及刘薨于统军^⑨，隐娘亦鞭驴而一至京师柩前，恸哭而去。开成^⑩年，昌裔子纵除陵州刺史^⑪，至蜀栈道，遇隐娘，貌若当时。甚喜相见，依前跨白卫如故。语纵曰："郎君大灾，不合适此。"出药一粒，令纵吞之。云："来年火急^⑫抛官归洛，方脱此祸。吾药力只保一年患耳。"纵亦不甚信。遗其缯彩^⑬，隐娘一无所受，但沉醉而去。后一年，纵不休官，果卒于陵州。自此无复有人见隐娘矣。

---

①系：仰赖。　②这句话的意思是：把于阗玉围在您的脖子上。于阗（tián），古西域国名，在今新疆和田一带。　③蠛蠓（miè měng）：一种极小的飞虫。　④俊鹘（hú）：矫健迅疾的鹘。鹘，一种猛禽。⑤这句话的意思是：从此以后刘昌裔转而用重金答谢聂隐娘。这是针对此前聂隐娘提出每日仅二百文钱所言。　⑥这几句话的意思是：元和（唐宪宗的年号）八年，刘昌裔从许州赴长安觐见，聂隐娘不愿跟随前往。历史记载，刘昌裔此行未至京城，转居洛阳，并在当年去世。　⑦至人：得道之人。　⑧虚给：指无差事的虚衔。　⑨这句话的意思是：等到刘昌裔在右龙武统军任上去世。　⑩开成：唐文宗年号（836—840）。　⑪这句话的意思是：刘昌裔的儿子刘纵被授予陵州刺史（治所在今四川省仁寿县）的官职。　⑫火急：赶紧。　⑬缯（zēng）彩：彩色的丝绸。

虬髯客传

杜光庭①

《虬髯客传》是晚唐传奇中的一篇带有神异色彩的侠客小说。由于它既虚构了曲折奇特、扣人心弦的故事情节，又成功地塑造了性格鲜明、英气勃勃的人物形象，因此千百年来一直广为传诵。小说成功塑造了虬髯客、李靖、红拂三个人物，后世誉为"风尘三侠"。此三人各具个性和风采，在彼此的交互映衬下，愈发显得生气勃勃。不过，这篇小说出现在晚唐，颇堪玩味，国力衰微，却还津津乐道于太宗的真人天授，就显得幻想色彩越加浓厚。

隋炀帝之幸江都也，命司空杨素②守西京。素骄贵，又以时乱，天下之权重望崇者，莫我若也，奢贵自奉，礼异人臣③。每公卿入言，宾客上谒，未尝不踞床④而见，令美人捧出，侍婢罗列，颇僭⑤于上。末年愈甚，无复知所负荷，有扶危持颠之心。

一日，卫公李靖⑥以布衣上谒，献奇策。素亦踞见。公前揖曰："天下方乱，英雄竞起。公为帝室重臣，须以收罗豪杰为心，不宜踞见宾客。"素敛容⑦而起，谢公；与语，大悦，收其策而退。

当公之骋辩⑧也，一妓有殊色，执红拂⑨，立于前，独目公。公既去，而执拂者临轩指吏曰："问去者处士第几⑩？住何处？"公具以对。妓诵而去。

---

①杜光庭：字圣宾，号东瀛子，缙云人。他是由晚唐入五代的士人，后出家为道士，《虬髯客传》旧题为其所作。　②杨素：字处道，华阴人，封越国公。　③这句话的意思是：生活极尽奢华，礼仪排场超越一般的大臣。　④踞床：伸开腿坐在坐具上，这在当时的交际场合是一种无礼的坐姿。　⑤僭（jiàn）：超越本分。　⑥李靖：字药师，三原人，唐开国功臣，封卫国公。　⑦敛容：端正容色，肃敬的样子。　⑧骋辩：施展辩才。　⑨红拂：这里指红色的拂尘。　⑩这句话的意思是：问那个离开的未出仕的人在家中排行第几？

公归逆旅①。其夜五更初，忽闻叩门而声低者，公起问焉。乃紫衣戴帽人，杖揭②一囊。公问谁。曰："妾，杨家之红拂妓也。"公遽延入。脱衣去帽，乃十八九佳丽人也。素面画衣③而拜。公惊答拜。曰："妾侍杨司空久，阅天下之人多矣，无如公者。丝萝非独生，愿托乔木④，故来奔耳。"公曰："杨司空权重京师，如何？"曰："彼尸居余气⑤，不足畏也。诸妓知其无成，去者众矣。彼亦不甚逐也。计之详矣，幸无疑焉。"问其姓。曰："张。"问其伯仲之次⑥，曰："最长。"观其肌肤、仪状、言词、气性，真天人也！公不自意获之，愈喜愈惧，瞬息万虑不安。而窥户者无停履⑦。数日，亦闻追访之声，意亦非峻⑧。乃雄服⑨乘马，排闼⑩而去。

将归太原，行次灵石旅舍⑪，既设床，炉中烹肉且熟。张氏以发长委地，立梳床前。公方刷马。忽有一人，中形，赤髯而虬⑫，乘蹇⑬驴而来，投革囊于炉前，取枕欹⑭卧，看张梳头。公怒甚，未决，犹亲刷马。张熟视其面，一手握发，一手映身摇示公⑮，令勿怒。急急梳头毕，敛衽⑯前问其姓。卧客答曰："姓张。"对曰："妾亦姓张，合⑰是妹。"遽拜之。问第几。曰："第三。"问妹第几。曰："最长。"遂喜曰："今夕多幸逢一妹。"张氏遥呼："李郎且来见三兄！"公骤拜之。遂环坐。曰："煮者何肉？"曰："羊肉，计⑱已熟矣。"客曰："饥。"公出市胡饼。客抽腰间匕首，切肉共食。食

①逆旅：旅舍。　②杖揭：用杖挑开。揭，挑。　③素面画衣：没有化妆，穿着华丽的服饰。　④这句话的意思是：丝萝无法独自生存，希望能附着大树，以此比喻自己愿将终身托付李靖。　⑤尸居余气：行尸走肉，仅剩一丝气息。　⑥伯仲之次：兄弟长幼的次序。　⑦履：鞋子，这里指脚步。　⑧峻：严厉、急切。　⑨雄服：女扮男装。　⑩排闼（tà）：推开门。　⑪次：住宿。灵石：在今山西省晋中市灵石县。　⑫虬：指胡须蜷曲的样子。　⑬蹇（jiǎn）：跛脚的。　⑭欹（qī）：倾斜。　⑮这句话的意思是：一手藏在背后，摇手示意。映，隐藏。　⑯敛衽：整衣行礼，以表肃敬。　⑰合：应该。　⑱计：估计。

竟，余肉乱切送驴前食之，甚速。客曰："观李郎之行，贫士也。何以致斯异人^①？"曰："靖虽贫，亦有心者焉。他人见问^②，故不言；兄之问，则不隐耳。"具言其由。曰："然则将何之？"曰："将避地太原。"曰："然吾故非君所致也^③。"曰："有酒乎？"曰："主人^④西，则酒肆也。"公取酒一斗。既巡^⑤，客曰："吾有少下酒物，李郎能同之乎？"曰："不敢。"于是开革囊，取一人头并心肝，却^⑥头囊中，以匕首切心肝，共食之。曰："此人天下负心者，衔^⑦之十年，今始获之。吾憾^⑧释矣。"又曰："观李郎仪形器宇^⑨，真丈夫也。亦闻太原有异人乎？"曰："尝识一人，愚谓之真人^⑩也；其余，将帅而已。"曰："何姓？"曰："靖之同姓。"曰："年几？"

曰："仅二十。"曰："今何为？"曰："州将之子^⑪。"曰："似矣。亦须见之。李郎能致吾一见乎？"曰："靖之友刘文静^⑫者，与之狎^⑬。因^⑭文静见之可也。然兄何为？"曰："望气者^⑮言太原有奇气，使访之。李郎明发，何日到太

原？”靖计之日。曰：“达之明日，日方曙，候我于汾阳桥①。”言讫，乘驴而去，其行若飞，回顾已失。公与张氏且惊且喜，久之，曰：“烈士②不欺人，固无畏。”促③鞭而行。

及期，入太原，果复相见。大喜，偕诣刘氏。诈谓文静曰："有善相者思见郎君④，请迎之。"文静素奇其人⑤，一旦闻有客善相，遽致使迎之。使回而至，不衫不履，裼裘而来，神气扬扬，貌与常异⑥。虬髯默然居末坐，见之心死⑦。饮数杯，招靖曰："真天子也！"公以告刘，刘益喜，自负⑧。既出，而虬髯曰："吾得十八九矣。然须道兄⑨见之。李郎宜与一妹复入京。某日午时，访我于马行⑩东酒楼，下有此驴及瘦驴，即我与道兄俱在其上矣。到即登焉。"又别而去。公与张氏复应之。

及期访焉，宛见二乘。揽衣登楼，虬髯与一道士方对饮，见公惊喜，召坐。围饮十数巡，曰："楼下柜中有钱十万，择一深隐处驻⑪一妹。某日复会我于汾阳桥。"如期至，即道士与虬髯已到矣。俱谒文静。时方弈棋，揖而话心⑫焉。文静飞书迎文皇⑬看棋。道士对弈，虬髯与公旁侍焉。俄而文皇到来，精采惊人，长揖而坐。神气清朗，满坐风生，顾盼炜如⑭也。道士一见惨然，下棋子曰："此局全输矣⑮！于此失却局哉！救无路矣！复奚言！"罢弈而请去。既出，谓虬髯曰："此世界非公世界，他方可也。勉之，

---

①汾阳桥：在太原城东汾河上。　②烈士：有志向抱负的人。　③促：加快。　④郎君：指李世民。　⑤这句话的意思是：刘文静向来认为李世民非常人可比。　⑥这几句话的意思是：使者带着李世民回来，他没穿长衣也没穿鞋子，露着内衣就来了，但神气恢宏，和常人不同。裼裘（xī qiú），祖露里衣。　⑦心死：心无杂念。　⑧自负：这里指刘文静对结识李世民一事颇感自得。　⑨道兄：即后文的道士。　⑩马行：长安一街道名。　⑪驻：安顿。　⑫话心：谈心，交谈。　⑬文皇：李世民谥号"文皇帝"，这里是追称。　⑭炜（wěi）如：指目光有神的样子。　⑮这句话的意思是：这盘棋全输了。这句话一语双关，既指棋局，又暗示天下大势。

勿以为念！”因共入京。

虬髯曰：“计李郎之程，某日方到。到之明日，可与一妹同诣某坊曲①小宅相访。李郎相从一妹，悬然如磬②。欲令新妇祗谒，兼议从容，无前却也③。”言毕，吁嗟而去。

公策马而归。即到京，遂与张氏同往。乃一小版门子，叩之，有应者，拜曰：“三郎④令候李郎、一娘子久矣。”延入重门⑤，门愈壮。婢四十人，罗列庭前。奴二十人，引公入东厅。厅之陈设，穷极珍异，巾箱妆奁冠镜首饰之盛⑥，非人间之物。巾栉⑦妆饰毕，请更衣，衣又珍异。既毕，传云：“三郎来！”乃虬髯纱帽⑧裼裘而来，亦有龙虎之状，欢然相见。催其妻出拜，盖亦天人耳。遂延中堂，陈设盘筵之盛，虽王公家不侔⑨也。四人对馔讫，陈女乐⑩二十人，列奏于前，若从天降，非人间之曲。食毕，行酒⑪。家人自堂东舁出二十床⑫，各以锦绣帕覆之。既陈，尽去其帕，乃文簿⑬钥匙耳。虬髯曰：“此尽宝货泉贝⑭之数。吾之所有，悉以充赠。何者？欲于此世界求事，当或龙战⑮三二十载，建少功业。今既有主，住亦何为？太原李氏，真英主也。三五年内，即当太平。李郎以奇特之才，辅清平之主，竭心尽善，必极人臣。一妹以天人之姿，蕴不世⑯之艺，从夫之贵，以盛轩裳⑰。非一妹不能识李郎，非李郎不

---

①坊曲（qū）：街坊中的小巷。曲，小巷。　②悬然如磬（qìng）：像悬挂的石磬一般，用以形容孤独无依。　③这几句话的意思是：我想让我的妻子拜见两位，并商议之后的行动，千万不要推辞啊。却，推辞。　④三郎：虬髯排行第三，故称三郎。　⑤重（chóng）门：这里指第二道门。　⑥妆奁（lián）：梳妆用的镜匣。冠（guàn）镜：指用以穿衣戴帽的镜子。　⑦巾栉（zhì）：洗脸梳头。巾、栉此处都活用作动词。　⑧纱帽：戴着贵族所用的帽饰，这里活用作动词。　⑨侔（móu）：相同。　⑩女乐：歌伎。　⑪行酒：主人斟酒劝客饮。　⑫舁（yú）：抬。床：安置器物的架子。　⑬文簿：文册簿籍。　⑭泉贝：钱币。泉、贝都是钱的古称。　⑮龙战：指群雄争战。　⑯不世：非凡的。　⑰轩裳：指车马和服饰。

新编中华文化基础教材·第十六册

能荣一妹。起陆之贵，际会如期，虎啸风生，龙吟云萃，固非偶然也①。持余之赠，以佐真主，赞②功业也，勉之哉！此后十年，当东南数千里外有异事，是吾得事之秋也。一妹与李郎可沥酒③东南相贺。"因命家童列拜，曰："李郎、一妹，是汝主也！"言讫，与其妻从④一奴，乘马而去。数步，遂不复见。

公据其宅，乃为豪家，得以助文皇缔构⑤之资，遂匡天下。

贞观十年，公以左仆射平章事⑥。适南蛮入奏曰："有海船千艘，甲兵十万，入扶余国⑦，杀其主自立，国已定矣。"公心知虬髯得事也。归告张氏，具衣拜贺，沥酒东南祝拜之。乃知真人之兴也，非英雄所冀。况非英雄者乎？人臣之谬思乱者，乃螳臂之拒走轮耳⑧。我皇家垂福万叶⑨，岂虚然哉？或曰："卫公之兵法，半乃虬髯所传耳。"

---

①这几句话的意思是：一个人要平步青云获取富贵，机遇就好像先定的，帝王崛起需要四方大臣辅佐，就好像虎啸而风生，龙吟而云集，这些本来就不是偶然决定的。起陆，指飞黄腾达、平步青云。际会，机遇。　②赞：帮助。　③沥酒：把洒酒在地上以表示祝愿。　④从：特殊的动宾关系使动用法，使……跟随。　⑤缔构：同义复词，建立。　⑥左仆射（yè）平章事：相当于宰相之职。　⑦扶余国：古国名，在辽宁、吉林、内蒙古一带。　⑧拒：抵挡。走轮：疾驰中的车轮。　⑨万叶：万代。叶，世代。

红 线

袁 郊

《红线》亦是唐传奇豪侠类小说中的优秀篇章。在这篇小说中，作者精心设置了两组矛盾：其一，是田承嗣与薛嵩之间的吞并和反吞并斗争；其二，是薛嵩与红线之间的关系变迁。在两组矛盾中，作者以前者作为主干，以后者作为穿插，既详尽地描绘了两个藩镇之间的斗争故事，又完整地介绍了一代女侠红线的奇异经历。

小说中的"红线"，既是一位尘世的女仆，更是一位非凡的豪侠！"铁甲三千人，那敌一青衣""洛妃去不还，千古怀烟质"——清代诗人乐钧在其《红线诗》中，曾如此深情地为"红线"高唱赞歌。读完这篇作品，相信你也一定会为"红线"这位豪侠而拍案称奇。

红线，潞州节度使薛嵩青衣①。善弹阮②，又通经史，嵩遣掌笺表，号曰"内记室"。时军中大宴，红线谓嵩曰："羯鼓③之音调颇悲，其击者必有事也。"嵩亦明晓音律，曰："如汝所言。"乃召而问之，云："某妻昨夜亡，不敢乞假。"嵩遽遣放归。

时至德之后，两河④未宁，初置昭义军，以釜阳⑤为镇，命嵩固守，控压⑥山东。杀伤之余，军府草创。朝廷复遣嵩女嫁魏博节度使田承嗣⑦男，男娶滑州节度使令狐彰女⑧；三镇互为姻娅⑨，人使日浃⑩往来。而田承嗣常患热毒风，遇夏增剧。每曰："我若移镇山东，纳其凉冷，可缓数年之命。"乃募军中武勇十倍者得三千人，

---

① 薛嵩：绛州人，薛仁贵之孙。安史之乱时，曾投靠叛军，后降唐，被封为昭义节度使。青衣：婢女。　② 阮：一种类似琵琶的乐器，相传为晋代阮咸所创。　③ 羯鼓：羯族的一种打击乐器。　④ 两河：指唐代河南、河北两道，相当于今河南、河北、山东全省和江苏、安徽二省北部区域。后文的"山东"指唐代华山以东的大片区域。　⑤ 釜阳：在今河北省邯郸市磁县。　⑥ 控压：控制。　⑦ 田承嗣：卢龙人，原安禄山部将，与薛嵩同时降唐。　⑧ 滑州：在今河南省滑县。令狐彰：富平人，安禄山部下，降唐后封滑、亳等州节度使。　⑨ 姻娅（yà）：这里代指姻亲关系。　⑩ 日浃（jiā）：整天。

新编中华文化基础教材·第十六册

号"外宅男"，而厚恤养之。常令三百人夜直^①州宅。卜选良日，将迁潞州。

嵩闻之，日夜忧闷，咄咄自语，计无所出。时夜漏将传，辕门^②已闭。杖策庭除，唯红线从行。红线曰："主自一月，不遑寝食，意有所属，岂非邻境乎？"嵩曰："事系安危，非汝能料。"红线曰："某虽贱品，亦有解主忧者。"嵩乃具告其事，曰："我承祖父遗业，受国家重恩，一旦失其疆土，即数百年勋业尽矣。"红线曰："易尔，不足劳主忧。乞放某一到魏郡，看其形势，觇^③其有无。今一更首途，三更可以复命。请先定一走马^④兼具寒暄书，其他即俟某却回也。"嵩大惊曰："不知汝是异人，我之暗^⑤也。然事若不济，反速^⑥其祸，奈何？"红线曰："某之行，无不济者。"乃入闺房，饰其行具。梳乌蛮髻^⑦，攒^⑧金凤钗，衣紫绣短袍，系青丝轻屦。胸前佩龙文匕首，额上书太乙^⑨神名。再拜而行，倏忽不见。

嵩乃返身闭户，背烛危坐。常时饮酒，不过数合^⑩，是夕举觞十余

---

①直：通"值"，护卫。　②辕门：官署的外门。　③觇（chān）：窥视。　④走马：快马。　⑤暗：昏悖。　⑥速：招致。　⑦乌蛮髻：指当时西南边地民族常用之发式，特点是发髻极长。　⑧攒（cuán）：这里指佩戴。　⑨太乙：本是道教对"道"的别称，后成为天神名，指北极神。　⑩合（gě）：容量名，一升的十分之一。

不醉。忽闻晓角吟风，一叶坠露，惊而试问，即红线回矣。嵩喜而慰问曰："事谐①否？"曰："不敢辱命。"又问曰："无伤杀否？"曰："不至是。但取床头金合②为信耳。"

红线曰："某子夜前三刻，即到魏郡，凡历数门，遂及寝所。闻外宅男止于房廊，睡声雷动。见中军士卒，步于庭庑③，传呼风生。某发其左扉，抵其寝帐。见田亲家翁正于帐内，鼓趺④酣眠，头枕文犀⑤，髻包黄縠⑥，枕前露一七星剑。剑前仰开一金合，合内书生身甲子与北斗神名；复有名香美珍，散覆其上。扬威玉帐，但期心豁于生前；同梦兰堂，不觉命悬于手下。宁劳擒纵，只益伤嗟。时则蜡炬光凝，炉香烬煨⑦，侍人四布，兵器森罗。或头触屏风，鼾而韡⑧者；或手持巾拂，寝而伸者。某拔其簪珥⑨，縻⑩其襦裳，如病如昏，皆不能寤；遂持金合以归。既出魏城西门，将行二百里，见铜台⑪高揭，而漳水东注；晨飙⑫动野，斜月在林。忧往喜还，顿忘于行役；感知酬德，聊副于心期⑬。所以夜漏三时，往返七百里；入危邦，经五六城；冀减主忧，敢言其苦。"

嵩乃发使遗承嗣书曰："昨夜有客从魏中来，云：自元帅头边获一金合。不敢留驻，谨却封纳。"专使星驰，夜半方到。见搜捕金合，一军忧疑。使者以马挝⑭扣门，非时请见。承嗣遽出，以金合授之。捧承之时，惊怛⑮绝倒。遂驻使者止于宅中，狎以宴私，多其赐赉⑯。明日遣使赍缯帛三万匹、名马二百匹，他物称是，

①事谐：（事情）办妥。　②合：通"盒"，盒子。　③庭庑（wǔ）：正房下四周的房子。　④鼓趺（fū）：指平躺弯腿翘脚的动作。　⑤文犀：这里指犀牛枕。　⑥縠（hú）：有皱纹的纱。　⑦烬煨（jìn wēi）：这里指香烧成了灰。　⑧韡（duǒ）：下垂。　⑨珥（ěr）：耳环。　⑩縻（mí）：系住。　⑪铜台：即铜雀台，其地正当薛、田驻地之间。　⑫飙：大风。　⑬这几句话的意思是：忧心前往，欢喜而回，完全忘却路途奔波之苦；答谢您的知遇之恩，也算符合期望。　⑭马挝（zhuā）：马鞭。　⑮怛（dá）：忧伤，悲苦。　⑯赐赉（lài）：同义复词，赏赐。

新编中华文化基础教材·第十六册

以献于嵩曰："某之首领，系在恩私^①。便宜知过自新，不复更贻伊戚^②。专膺指使，敢议姻亲。役当奉毂后车，来则挥鞭前马。所置纪纲仆^③号为外宅男者，本防它盗，亦非异图。今并脱其甲裳，放归田亩矣。"

由是一两月内，河北河南，人使交至。而红线辞去。嵩曰："汝生^④我家，而今欲安往？又方赖汝，岂可议行？"红线曰："某前世本男子，历江湖间，读神农药书，救世人灾患。时里有孕妇，忽患蛊症^⑤，某以芫花酒^⑥下之，妇人与腹中二子俱毙。是某一举杀三人。阴司见诛，降为女子。使身居贱隶，而气禀贼星。所幸生于公家，今十九年矣。身厌罗绮，口穷甘鲜，宠待有加，荣亦至矣^⑦。况国家建极^⑧，庆且无疆。此辈背违天理，当尽弭患^⑨。昨往魏郡，以示报恩。两地保其城池，万人全其性命，使乱臣知惧，烈士安谋。某一妇人，功亦不小，固可赎其前罪，还其本身。便当遁迹尘中，栖心物外，澄清一气，生死长存^⑩。"嵩曰："不然，遗尔千金为居山之所给。"红线曰："事关来世，安可预谋。"嵩知不可驻，乃广为饯别；悉集宾客，夜宴中堂。嵩以歌送红线，请座客冷朝阳^⑪为词曰："《采菱》歌怨木兰舟，送别魂消百尺楼。还似洛妃乘雾去，碧天无际水长流。"歌毕，嵩不胜悲。红线拜且泣，因伪醉离席，遂亡其所在。

---

①这两句话的意思是：我的人头，全仰仗您的一番情谊方能保住。　②这两句话的意思是：通过这件事，我应当改过自新，绝不会再给您带来困扰忧愁。　③纪纲仆：奴仆。　④生：特殊的动宾关系使动用法，使……得以存活。　⑤蛊（gǔ）症：古人称腹中有虫的疾病。　⑥芫（yuán）花酒：用芫花泡制的药酒。芫花，一种瑞香科的草药，孕妇不能服用。　⑦这几句话的意思是：身上遍是绫罗华贵之衣，饮食极尽美味，您又对我宠爱有加，我已经极为荣幸了。　⑧建极：指皇帝在位。　⑨弭患：消除祸患。　⑩这几句话的意思是：我现在应该逃离尘世，超然物外，修炼真气，求得延年。　⑪冷朝阳：金陵人，大历四年进士，是一位诗人。

文史知识

传　奇①

本单元已经介绍了唐传奇的相关内容，其实，"传奇"一词，在文学史上有过三种不同的含义，我们从中可以窥见文学发展过程中的某些有意思的现象与规律。

"传奇"的本义就是记载奇异之人事，它起先是指向作品内容的，广义说来与过去的志怪小说有相通之处，其所叙之事，无论是否有真实的本事，都有明显神异化的过程；狭义上来说，它特指那些涉及男女爱情的故事。

我们现在普遍称为唐传奇的文学体裁，在唐宋时期普遍称之为传记或杂传记。换言之，他们是首先将其视为历史传记一类的作品创作的，它与传记文学的关系极为紧密，部分早期作品在构思、措辞等方面完全仿照史传的写法。即使涉及神异的地方，也极力以真实的人事证明或试图说服读者相信其真实性。无论唐人这种努力是有意为之还是流于形式，都表明它还处于一种"半小说"性质；就当时人将其称为传记或杂传记来看，他们似乎更关注其与史传文学的关系。这或许与传奇在唐代的"行卷"功能有关。但这种称呼显然掩盖了唐传奇中大量有意识的虚构和明显超过传记文学需求的华丽辞彩。到了元代，人们逐渐意识到这一点，元代中期的虞集在《写韵轩记》中写道："盖唐之才人……闲暇无所用心，辄想像幽怪遇合、才情恍惚之事，作为诗章答问之意，傅会以为说。盍簪②之次，各出行卷，以相娱玩，非必真有是事，谓之传奇。"他在否定这些作品真实性的同时，其实点明了其自觉虚构、追求文采、娱乐炫技的特征。而这一点，恰是"传记"或"杂传记"之名被"传奇"替代的重要原因。

新编中华文化基础教材·第十六册

① 参看徐大军《"传奇"文体名义的因应》，《中华文史论丛》2016年第1期。　②盍簪：指士人聚会。

杂剧之名在元代就广泛使用，但当时也有人称之为"传奇"。锺嗣成的《录鬼簿》在记录关汉卿等杂剧作家时就有"前辈已死名公才人，有所编传奇行于世者"的提法。杂剧的名字，其重点在"剧"上，它更关注演员的舞台艺术；而以传奇命名，则更关注剧本作者，也就是更关注剧本乃至曲词本身。换言之，以传奇指称杂剧，是强调其文学性的一种表现，也是杂剧作者文人身份认同不断加强的结果。

当杂剧在元代北方流行时，南方在原有戏曲的基础上，吸收北方杂剧等元素，发展出了南戏。到元末，高明写作的《琵琶记》被公认为是文人参与南戏创作的标志。此后，南戏的文人化趋势非常明显，以至成为明清时期重要的一种戏曲文学类型。南戏本也是一种民间流行的戏曲，难免有俚俗的成分，文人参与创作后，将其视为各种文学形式的集大成者，典雅化的趋势很强，后来人们也以"传奇"代称那些由文人创作的南戏。我们从中可以看到，这样的改称实质上体现的是对一种文学体裁文学性特征的突出与强化。

思考与练习

一、读《虬髯客传》，最令人怦然心动之处是写虬髯客初会李世民时的四字："见之心死。"虬髯客丰富的情感内涵，文中仅以四字一笔写尽，正显示了唐传奇的特色与魅力。请重读全文，想一想，为何能取得这样的艺术效果？

二、从积极和消极两个层面，简要评析《虬髯客传》和《红线》这两篇小说的思想内容。

三、唐代社会是中国古典诗歌的黄金时代，诗歌艺术渗透到生活中的方方面面。唐传奇小说在人物和环境描写方面，往往将整篇作品加以诗化，使小说置于一种优美的艺术境界之中。请你以《红线》为例，品一品唐传奇的诗意结构与诗意美。

四、当代著名学者陈平原说："游侠诗篇中的快客也仍是世间人，文人只要'抚剑独行游'，也就成了游侠；而游侠只要'慷慨赴国难'，也就成了功臣。"（《千古文人侠客梦》）结合你曾读过的武侠小说，谈谈对这句话的理解。